GUNTHER GERZSO

CONSEJO NACIONAL PARA LA CULTURA Y LAS ARTES EDICIONES ERA

RITA EDER

GUNTHER GERZSO
EL ESPLENDOR DE LA MURALLA

GALERÍA • COLECCIÓN DE ARTE MEXICANO

Primera edición: 1994
© Rita Eder (texto)
DR © de la presente edición:
Dirección General de Publicaciones del
Consejo Nacional para la Cultura y las Artes
Calzada México-Coyoacán 371, 03330 México, D.F.

Coedición: Dirección General de Publicaciones
                    Ediciones Era, S.A. de C.V.

ISBN 968-29-6427-X
Impreso en Singapur

En el verano de 1991 empecé a preparar un texto sobre la pintura de Gunther Gerzso. Parte de este proyecto difícil (casi todos sus críticos opinan que se trata de una obra compleja que defiende con inteligencia su hermetismo) incluía varias entrevistas con el artista, a quien no conocía personalmente.

Me recibió en su casa de San Ángel. Llovía a cántaros y él mismo abrió la puerta; vestía pantalón beige y un suéter de tono algo más oscuro; la camisa blanca abierta por el cuello, la piel rosada y los ojos muy azules, apenas ocultos por unos lentes de armazón ligera, el pelo gris bien peinado; toda su apariencia ordenada e impecable en su sencillez.

Vive rodeado de muchos libros y de pocos pero muy significativos objetos afines a su sensibilidad: piezas precolombinas y algunos dibujos, pinturas y grabados de Julio Castellanos, Carlos Orozco Romero, Francisco Toledo, Luis García Guerrero y Chillida; algún ejemplar de pintura popular y, entre otras cosas, un retrato en miniatura de Remedios Varo hecho por Victor Brauner.

Gerzso tiene gustos muy definidos en el campo de la pintura. Admira la capacidad de todo artista para introducir sus emociones en la imagen y para generar la tensión que viene de transformar el mundo subjetivo, quizá la neurosis, en un orden creativo. Sus juicios nunca tienen que ver con el estilo; lo entusiasma la buena pintura y una interioridad rica, provocativa; por ejemplo, él fue posiblemente el primero en valorar la obra de Nahum B. Zenil, de sensibilidad tan distinta a la suya; pintor de una sexualidad explícita, de imagen cruda, sofisticado en apuntar la tríada: religión, familia, identidad, desde una perspectiva desacralizadora, directa, a veces lúdica, burlona y estridente. Es capaz, dice Gerzso, de desvestirse en el cuadro y de exhibir sus fantasmas con autenticidad.

Debo añadir que los diálogos con Gerzso ocurrieron dentro de un orden formal estricto. Todos los lunes a las cinco de la tarde, durante cuatro meses, nos encontramos en la sala de su casa, un espacio luminoso, sobrio, sin ruido, a excepción del sonido de la lluvia estival mexicana. La sala, extraordinariamente pulcra, siempre lucía igual; lo que cambiaba era la luz y la inflexión de la voz del pintor. Hacia las ocho dábamos por concluida la entrevista.

Estas conversaciones me llevaron a pensar que podía trazarse una íntima relación entre el artista y su obra. Reconocí en la estructura de su lenguaje —palabras y gestos— una identificación de la persona con su propia gramática visual: vi a Gerzso como una figura geométrica compuesta por planos translúcidos, casi como cristales azulados. La otra imagen recurrente fue la impresión de que en el limen del cuadro hay una respiración que lo anima; es la respiración inconfundible del pintor que repite con sencillez: "En mis cuadros estoy siempre yo y mis emociones".

Hablamos sobre la emoción; reflexionamos sobre ella de muchas maneras porque está en el espacio de la pintura, en la superficie brillante, bruñida como una escultura prehispánica. Las formas son siempre otras y siempre las mismas; "Lo único que me importa es ese lugar donde yo encuentro mi verdad". El gran arte del siglo XX, dice Gerzso, agudiza el sentido de la forma pura, pero esta forma pura no es nada sin la emoción.

Al principio resultó un tanto extraño el acento que este artista ponía sobre la idea de una iconicidad emotiva, puesto que su técnica sorprendente, o el método vinculado al enriquecimiento de una superficie cada vez más luminosa (que nos da la impresión, como dice John Golding, de estar frente al resplandor de un vitral del medioevo), parece indicar otras obsesiones. Gerzso considera esta técnica suya tan depurada como el complemento de una obra que adquiere significado a partir de un proceso impecable. "En realidad soy muy ordenado —dice—; cuando empiezo un cuadro sé por dónde quiero ir, tengo todo a la mano y después se inicia un proceso sobre el que no tengo control, y que es doloroso, hasta que llega el momento en que la materia se transforma en espíritu." Intenté varias veces preguntarle por este proceso y la respuesta siempre tuvo que ver con el fuego, ese que llega a la superficie del cuadro y lo baña de esplendor.

2
EL ORDEN DE UNA ARTICULACIÓN EMOTIVA

Gerzso tiene setenta y ocho años, trabaja todos los días y muchos de ellos se pregunta por el sentido de esta disciplina obsesiva; es irónico, cálido y filoso a la vez, implacable en sus juicios; pero, sobre todo, ha intentado a lo largo de su vida conocerse, y este ejercicio es uno de los aspectos de interés en su pintura. Como él mismo ha dicho, ''el artista debe encontrar una imagen de sí mismo con la cual expresar su emoción. El contenido emocional de mis pinturas es siempre el mismo, y cada cuadro es sólo una variante de esa emoción''.

Mostró interés por los distintos temas que yo necesitaba abordar y buen sentido del humor cuando conversamos acerca de su larga carrera como uno de los escenógrafos más destacados que haya tenido el cine mexicano; pero sobre todo hablamos de pintura, en especial de pintura mexicana y de qué es lo mexicano en el arte; también de cómo se hizo pintor; pero las sesiones más notables pertenecen a los diálogos sobre el significado de sus imágenes.

El artista llama la atención sobre la presencia en sus cuadros de fondos negros que son equivalentes de la nada y del miedo y de la íntima relación entre esa nada y a veces esa muerte, con el esplendor de la superficie que se traduce en la metáfora del muro o el cuerpo que atrapa su conciencia. Cuerpo, muro, vacío, laberinto que construye como una galería de autorretratos, el artista asegura que sus obras expresan quién es él y cómo es el resto del mundo desde una visión interior; es decir, Gerzso pinta, como ha dicho John Golding, paisajes de la conciencia.

Esos paisajes se construyen a partir de espacios sagrados, como si fueran templos con sus cámaras secretas, murallas impenetrables que no dejan ver el interior de un centro codiciado; pero hay también ciudadelas heridas, elegantes cicatrices de un hermetismo que no por vulnerable está dispuesto a renunciar al vértigo de su misterio.

Cuatro dibujos
del cuaderno de
apuntes del pintor,
1947-1951

Su pintura es una casa-cuerpo, un manto luminoso en el que se revela un mundo sensible construido por opuestos: orden y emoción, eros y muerte, hielo y lava. Ahí también están sus identidades que cruzan ese plano obscuro, siempre detrás de las herméticas capas de color.

Entre los temas recurrentes en algunos cuadros de sus primeros años está una barca que es casa y nave, una criatura anfibia que navega en la tierra y naufraga en el mar. En *La barca*, de 1941-1942, realiza un recorrido por distintas tradiciones de la historia del arte que incluye a Puvis de Chavannes y a los simbolistas, pero también reminiscencias de *El jardín de las delicias* del Bosco insertas en un extraño paisaje florentino. *Naufragio*, de 1945, es descrita por Ida Rodríguez Prampolini como ''una bacanal de cuerpos desnudos, desmembrados, que se entrelazan en una nave que se quiebra a la deriva'';[1] además, es una obra no lejana del primer Cézanne en su concepción expresionista del cuerpo, que no sacrifica su estructura en aras de la intensidad emotiva.

▷ 1

▷ 7

Si bien pueden detectarse influencias y modelos en el trabajo de Gerzso, no están enraizadas en una tradición que podamos ubicar con claridad. Su obra siempre tiene un sello muy personal; podríamos definir su intensidad como una orfandad propositiva en la pintura: no pertenece a nadie, no hay una genealogía precisa. Los cambios ocurridos a lo largo de más de cincuenta años de dedicación a una obra que se caracteriza por su solidez y maestría no invalidan esta cualidad que está desde el principio.

Ese mismo verano pude visitar su estudio y revisar con la ayuda del artista un archivo que contiene los esquemas y dibujos previos de casi todas sus obras; estos apun-

[1] Ida Rodríguez Prampolini, *El surrealismo y el arte fantástico de México*, Instituto de Investigaciones Estéticas, UNAM, México, 1969, p. 99.

tes conforman un diario en el que el pintor anota con números en los bordes de dibujos a lápiz la ruta de los colores que han de transformar el complejo andamiaje de rectas, paralelas, diagonales y perpendiculares con el cual construye su pintura. Podría pensarse, dada su atracción por construir imágenes cerradas, que los números en estos dibujos contienen un saber secreto; sin embargo, nada más alejado de este artista que las afinidades con el ocultismo o los valores religiosos; su hermetismo rinde homenaje a otros misterios.

En su estudio se aprecia el orden con el cual Gerzso trabaja; este orden, aunado a las características de los dibujos previos, nos permite reafirmar lo que se ve en los cuadros terminados: el rigor y los estrictos métodos de trabajo que fundamentan su obra, transforman el oficio en arte y en expresión de una psicología compleja por su inteligencia y su pasión.

También estuvimos en el estudio porque yo deseaba ver las primeras pinturas, esas que realizó a principios de los años cuarenta, cuando su ocupación fundamental era la escenografía y se dedicaba a ambientar espacios y situaciones tan ajenas a su gusto y educación, pero que realizó con gran esmero. Gerzso afirma que su vocación por el realismo se ve en su trabajo escenográfico: la sala de una familia clasemediera en *Una familia de tantas* (Galindo, 1948); los interiores de una prisión en *Susana (Carne y demonio)* (Buñuel, 1950); una regia mansión en *Hermoso ideal* (Galindo, 1947), con candiles y el resto de la parafernalia que revelara el gusto de los ricos de la década de los cuarenta, que por cierto era el género que menos le interesaba; hacer esos grandes vestíbulos siempre le parecía aburridísimo. Pero esas ambientaciones, para ser verosímiles, tenían que contar con los objetos precisos.

A

B

C

D

10

Escenografías
de Gunther Gerzso

A
Todo un caballero, 1946
de Miguel M. Delgado
B
Los que volvieron, 1946
de Alejandro Galindo
C
Hermoso ideal, 1947
de Alejandro Galindo
D
El casado casa quiere, 1947
de Gilberto Martínez Solares
E
Una familia de tantas, 1948
de Alejandro Galindo
F
Susana (carne y demonio), 1
de Luis Buñuel

E

F

A los dieciocho años Gerzso inició su carrera como escenógrafo al lado de Fernando Wagner en el Teatro Orientación, de la Secretaría de Educación Pública. *Las preciosas ridículas* de Molière y después varias obras de Lope y Shakespeare fueron sus primeros trabajos experimentales. Dibujaba bien el concepto escenográfico, pero tuvo que aprender la práctica de parar e instalar un escenario. Su formación profesional se vio beneficiada por una larga estancia en el Cleveland Playhouse, en los Estados Unidos (1935-1940). Gerzso acudió como estudiante a esta prestigiada compañía en la que no sólo se representaban obras, sino en la que también se formaban profesionales en las distintas ramas del teatro, y allí conoció a su esposa Gene. Al poco tiempo se convirtió en el escenógrafo de la compañía y en cinco años hizo cincuenta y seis obras.

Dibujaba desde temprana edad, pero esta habilidad no sería canalizada por algún tiempo hacia la pintura. Gerzso menciona una especie de censura por parte de su familia, en la que sin embargo había una notable educación en las artes y se practicaba el coleccionismo experto. Pensaban y decían con frecuencia que para ser pintor había que tener mucho talento. Por un tiempo esta censura se convirtió en su propia autocensura.

Su regreso a México en 1941 tiene que ver precisamente con un breve alejamiento de su profesión y entonces decide dedicarse por un tiempo a la pintura, en la cual se había iniciado en Cleveland. Sin embargo será justamente en su país donde su vida tomará otro rumbo. Francisco Cabrera, productor de cine, le pidió que hiciese la escenografía de *Santa*, película de Norman Foster que fue estrenada en 1943.

Al principio tenía temor de no poder hacer un trabajo adecuado para el cine. En el teatro, dice el artista, se podían hacer cosas más estilizadas, más poéticas, con más imaginación; la escenografía de cine, en cambio, es una cosa totalmente realista, y fue esta práctica del realismo lo que más le atrajo de este medio.

Gerzso intervino en ciento cincuenta películas entre 1941 y 1963. En una entrevista que le hizo María Alba Pastor[2] recuerda con entusiasmo cuando hacía decorados que pudieran sugerir el ambiente de las vecindades y otras situaciones de lo que, con una sonrisa, llama el bajo mundo: cantinas y cabarets de mala muerte, aunque los films de horror eran realmente sus favoritos. Por los bajos presupuestos con que operaba el cine nacional los decorados eran reutilizados con frecuencia, así que le tocaba hacer de un cabaret una capilla de monjas o de una cantina de Peralvillo, un cuarto de vecindad.

La producción de películas convirtió a este escenógrafo en director de arte, en el responsable de todo lo que rodea a los actores, lo que muchas veces significa encargarse del vestuario. Sus funciones en el cine se fueron multiplicando en parte también por su gran capacidad de trabajo y su deseo de intervenir en los guiones. Junto con Alejandro Galindo, uno de los directores que merecieron su respeto, escribió o por lo menos participó en armar las historias de *Esquina bajan* y *Campeón sin corona*.

En sus veintitantos años en los Estudios Churubusco trabajó para Julio Bracho, Tito Davison y Miguel M. Delgado; también hizo muchos filmes para el productor de Cantinflas, Jacques Gelman, quien se convertiría en coleccionista de su pintura y en su amigo personal. Con Luis Buñuel hizo tres películas, *Susana*, *El bruto*, *Una mujer sin importancia*. A Buñuel lo recuerda sobre todo por su gran calidad humana y no, como pudiera pensarse, por sus imágenes surrealistas.

A pesar de ciertas reservas sobre su propio trabajo en el cine nacional: la calidad de algunos argumentos, los bajos presupuestos y los problemas sindicales, conserva una gran fascinación por el medio. El cine, dice Gerzso, le permitió conocer el mundo y la vida; si uno hacía películas de boxeadores, entonces había que ir a ambientes y lugares que de otra manera no hubiera conocido. Se aprendía cómo vivían seres marginados, como los locos; alguna vez hizo una película que ocurría en la Castañeda y tuvo que adentrarse en un ambiente siniestro que ejercía sobre él cierta fascinación. En su disfrute por observar a la gente en una vida cotidiana tan alejada de la suya puede percibirse cierta tendencia voyeurista, que también se advierte en algunas de sus pinturas que sugieren una mirada que atrapa el espacio por el ojo de una cerradura.

[2] María Alba Pastor, *Entrevista con el señor Gunther Gerzso, 1976*, Instituto de Investigaciones Doctor José María Luis Mora, México, 1986, 42 pp. (mimeo.)

4
ALGUNAS
AFINIDADES

Mientras Gerzso se ocupaba de hacer escenografía para la floreciente industria cine-matográfica, empezó a pintar los sábados y los domingos. En realidad su trabajo en el cine, por cuestiones de presupuesto y de producción, terminaba a las dos de la tarde y el resto del día lo dedicaba a la pintura. Sus modelos eran Julio Castellanos y Carlos Orozco Romero; hacía figuras de amplios volúmenes con algo de influencia de la Escuela Mexicana de los años treinta. Pero estos pintores no sólo están en el arranque de su obra; también los percibimos en la concepción de un espacio ominoso, cerrado, eso que el pintor califica como la presencia de la nada y el miedo detrás de sus bellas construcciones de color.

En la pintura mexicana de los años treinta y principios de los cuarenta hay una cierta tendencia a estructurar la composición a partir de una introducción formal de la arquitectura, herencia del cubismo visible, por ejemplo, en algunas obras de los años veinte de José Clemente Orozco. Roberto Montenegro en *Adiós*, de 1935, se vale de una composición arquitectónica que coloca en estática separación los tres elementos del lienzo: un gran caracol, más abajo una tehuana sentada y en el último plano un muerto. El color es obscuro y en la jerarquía de posición y tamaño de las figuras enmarcadas por una severa geometría hay un ánimo de tragedia que rebasa la anécdota particular y hace más complejo su sentido simbólico.

Es interesante mencionar a Manuel Rodríguez Lozano en el contexto de artistas que pueden tener afinidades con el Gerzso de los años cuarenta. Dos de las obras del primero fueron expuestas en la Exposición Surrealista de 1940; en ese tiempo Rodríguez Lozano hacía paisajes desolados y obscuros, en los cuales están colocadas extrañas figuras que actúan irracionalmente, envueltas en fulgurantes lienzos blancos. El color de estas pinturas, por su elaborado contraste, contribuye a crear una atmósfera extraña y artificial, como si se tratase de una película en blanco y negro de los años treinta, antes de que los tonos y matices fuesen más sutiles y variados.

Gerzso, sin embargo, como lo ha dicho en numerosas ocasiones, se interesó sobre todo por Julio Castellanos y Carlos Orozco Romero.

Castellanos fue un dibujante precoz y trabajó como escenógrafo de cine en los Estados Unidos para la compañía Pathé. En 1922, después de cinco años de estudio, regresa a México y conoce a Rodríguez Lozano, quien lo impulsa a pintar. Sus primeras obras están seriamente influidas por este artista, entonces director del departamento de dibujo de las Escuelas al Aire Libre. Olivier Debroise menciona los fondos cerrados que respaldan a los personajes y la pasta delgada y brillante como algunas afinidades que existieron entre los dos pintores.[3] Unos años después Castellanos conoce por medio de su maestro a Antonieta Rivas Mercado y realiza escenografías para el controvertido Teatro de Ulises, hecho que lo acercará al grupo de Contemporáneos.

Castellanos fue durante muchos años pintor de retratos. Su pintura es clásica (quizá por su gran talento para el dibujo), monumental y silenciosa. En 1937, con la obra *El día de San Juan*, su tendencia, señalada por Debroise, hacia un espacio cerrado se abre mediante múltiples perspectivas, rupturas de escalas en las que convergen distintos elementos que permiten el desarrollo de una composición complicada por sus múltiples personajes, cuyas actitudes cotidianas se transforman en la mirada a partir de la figura principal, cuya pose y atuendo marca el clima del cuadro. Es, por un lado, el retrato descriptivo del baño público y por el otro nos queda claro, por la complejidad de las relaciones entre los personajes y los elementos arquitectónicos, que estamos frente a otra intención, lejos de lo cotidiano; hay una carga simbólica, un juego entre lo vestido y lo desnudo, y una energía que permite pensar que se trata de una interpretación del paraíso o del infierno.

Autorretrato, de 1947, su última pintura, construye un clima dramático y de presagio. Un fondo más bien obscuro, borrascoso, rodea el espejo por el que asoma el rostro del pintor; es un retrato interior, intimista, que problematiza las posibilidades que el espectador tiene de imaginar lo que el artista ve de sí mismo, de su intimidad psíquica atormentada. Quizá Gerzso simpatiza con este aspecto de la pintura de Castellanos, de quien recuerda que libraba desgarradoras batallas cada vez que se disponía a pintar; muchos de sus cuadros terminaban en el bote de la basura.[4]

Carlos Orozco Romero es autor de un paisajismo dramático; en sus obras abundan los elementos arquitectónicos y las construcciones teatrales. Sus personajes emergen del sueño, muchos de ellos están disociados del cuerpo en una atmósfera de misterio en donde son manejados por hilos, como títeres. Orozco Romero hace una síntesis original de varios modernismos: la pintura metafísica de De Chirico, con sus arcos, plazas y decapitados, convive con un cubismo primitivista. Por otra parte, en uno de

14

[3] Olivier Debroise, *Figuras en el trópico. Plástica mexicana 1920-1940*, Océano, México, 1983, p. 143.
[4] Ibid., p. 138.

Gunther Gerzso
y Alejandro Galindo.
Yucatán, 1953

sus cuadros más importantes, *Sueño*, la cabeza que yace sobre el piso está realizada con la crudeza propositiva que a muchos de sus temas imprimieron María Izquierdo y Rufino Tamayo.

Podríamos decir que en la época en que Gerzso se inicia en la pintura, la otra atmósfera artística, la que no compartía los ideales de un arte público, realista y de izquierda en México, estaba preñada de un paisaje dramático y una figuración poética. Intentaba construir una pintura intimista que se expresara en una metáfora enmarcada por fondos obscuros y espacios que podrían calificarse de cerrados.

Con esto no queremos señalar influencias precisas sino sólo algunas coincidencias temáticas y maneras de expresión que están en la formación de Gerzso como pintor. Su pintura está ligada a esos modernismos híbridos que hay en obras de Orozco Romero, Rodríguez Lozano y Julio Castellanos. En espíritu le une una sensibilidad por el paisaje y una apreciación de los efectos dramáticos de la arquitectura en la integración del espacio pictórico.

Poco después de su lúcida observación de estos pintores a quienes aún hoy admira, Gerzso entrará en un contacto más estrecho con el surrealismo, movimiento al que todavía se siente ligado y que muchos consideran como el punto de arranque de su pintura.

5
LA LLEGADA DE
LOS SURREALISTAS

En los últimos años de la década de los treinta y principios de los cuarenta llegaron a México a raíz de distintos conflictos —la guerra civil española, los juicios de Moscú y la segunda guerra mundial— numerosos refugiados políticos. Algunos vinieron para quedarse y otros sólo por una temporada.

En 1937, el 9 de enero, a bordo del buque petrolero *Ruth* llegó León Trotsky a México, acompañado de su esposa Natalia. El matrimonio debía su desembarco en suelo mexicano a la intervención de Diego Rivera. El pintor había solicitado al presidente Cárdenas que concediera asilo al líder de la Cuarta Internacional, exiliado de su patria desde 1929 por el stalinismo. En el puerto de Tampico lo recibieron personalidades del movimiento trotskista, varios periodistas y también Frida Kahlo.

Un año más tarde, en abril de 1938, llegó a México André Breton, con su esposa Jacqueline; su misión fundamental era la de entrevistarse con Trotsky. Como era lógico, Breton conoció a Diego y a Frida, y Trotsky los acompañaba con frecuencia en sus paseos por los alrededores de México. Sería en Pátzcuaro, Michoacán, un viaje al que fueron las tres parejas, donde se iniciaron las pláticas sobre arte y política. Allí discutieron la posibilidad de unir vanguardia artística con vanguardia revolucionaria. De estas conversaciones salió el documento *Por un arte revolucionario independiente*, que solamente firmaron Diego Rivera y André Breton. En él se invocaba la libertad de creación contra todo arte dogmático.

Este documento es una respuesta a la crisis de los frentes populares, que en los años treinta tuvieron una gran capacidad de convocatoria, pues lograron unificar opiniones y posponer discusiones frente a la misión de salvar del fascismo a la cultura. En aquellos momentos los partidos comunistas tenían la consigna de valerse de la cultura para que fuese un puente entre los intelectuales y artistas de diversas posiciones;

es decir, no sólo incluir a la izquierda sino a los liberales, y ésta fue la razón por la cual los frentes crecieron en muchos países, en Francia y los Estados Unidos notablemente.[5]

Hacia principios de los años cuarenta el discurso radical en las artes sufre un viraje y la idea de revolución se traslada a la noción de estilo o arte de vanguardia.

Luis Cardoza y Aragón coincidió con todos estos cambios, aunque en su caso fue una meditación de varios años que había hecho pública en sus colaboraciones en *El Nacional*; pero en 1940, en *La nube y el reloj*, escribe una dura crítica, especialmente contra los murales de Diego Rivera puestos al servicio de la ideología oficial; califica al pintor de oportunista y rechaza su concepto de arte revolucionario.

Además de la estancia de Artaud y Breton en México, quienes dejaron testimonio de aquello en sus escritos *Viaje a la Tarahumara* y *Por un arte revolucionario independiente*, respectivamente, Breton organizó en 1940, desde el otro lado del océano, una exposición surrealista que en realidad quedó a cargo de Wolfgang Paalen y César Moro, la cual se realizó en la Galería de Arte Mexicano. Paalen fue el fundador de la revista *Dyn*, más leída en Nueva York y en Europa que en México. El artista llegó al país en 1939 acompañado de su esposa Alice Rahon y la fotógrafa suiza Eva Sulzer. La guerra mundial los sorprendió en el largo viaje que habían emprendido desde Europa en busca de las fuentes amerindias del surrealismo y que los llevó por Canadá y los Estados Unidos y luego los trajo a México. Paalen se distanciaría de Breton y de ello da testimonio en el número 1 de la revista *Dyn*. En "Farewell au Surréalisme" critica sus principios filosóficos, adscritos a Hegel y al materialismo dialéctico, y su vanidad de creer que el surrealismo puede determinar la posición del artista en el mundo actual.[6]

Cuando Paalen llegó a México en busca de paraísos perdidos, el país estaba inmerso en un profundo proceso de cambio. Cárdenas había dejado de ser presidente y las ideas y proyectos socializantes quedaron relegados. Se iniciaba el proceso de industrialización y una dinamización de la economía como resultado de la entrada de los Estados Unidos en la segunda guerra mundial.

La economía en movimiento se reflejó en varias industrias, por ejemplo en la cinematográfica; en 1943 México es el país de habla hispana que más películas produce.[7] Otra señal de prosperidad económica y de cambio es visible en la arquitectura; hay un auge de diseño y creación de espacios habitacionales y de edificios públicos que aumentan a un ritmo sin precedente, y se inicia el discurso de la modernidad para la arquitectura fundada en las tesis funcionalistas.[8]

En este ambiente de transformación de la ciudad de México, llegó un segundo grupo de surrealistas.

Puede decirse de muchas de estas relevantes figuras extranjeras que su interés por México no tenía nada que ver con el proceso de modernización, sino con el deseo

[5] En México el frente popular toma el nombre de LEAR, Liga de Artistas y Escritores Revolucionarios. Se funda en 1934, cobra una fuerza inusitada entre 1936 y 1937 y se deshace en 1938, cuando el Partido Comunista perdió el interés en promover esta clase de organizaciones. La LEAR agrupó en su momento de auge a muchos artistas mexicanos de importancia, excepto a Orozco, que sólo era simpatizante. Fueron miembros de esta organización Manuel y Lola Álvarez Bravo, Germán y Lola Cueto, María Izquierdo, Rufino Tamayo, Germán List Arzubide, Luis Cardoza y Aragón, Silvestre Revueltas, Juan Marinello, Jorge Juan Crespo de la Serna, Leopoldo Méndez, Fernando Gamboa y muchos otros más.

La LEAR concebía la militancia artística como guía para señalar el peligro que corría la cultura ante la amenaza del fascismo, y el medio para hacerlo era tratar de que el arte y la literatura llegaran a las masas. Siqueiros, miembro muy activo de la LEAR, propuso un laboratorio experimental que llamó de Arte Funcional Revolucionario, útil en la lucha diaria de los trabajadores para poder producir gráfica, telones, pinturas transportables, decoración de muros. Se habló y discutió sobre la función del realismo en el contexto del arte como un arma política. A pesar de este discurso radical, había distintas tendencias en esta sección de artes plásticas de la LEAR. Luis Cardoza y Aragón desató una célebre polémica al escribir contra una exposición organizada por miembros de la Liga que encontró de pésima calidad. "En arte —dice— no hay frente único, ni circunstancias atenuantes de ninguna especie; o vale por sí mismo o no es arte." Véase: Serge Guilbaut, *How New York Stole the Idea of Modern Art*, The University of Chicago Press, Chicago y Londres, 1983, y Elizabeth Fuentes Rojas, *La Liga de Artistas y Escritores Revolucionarios, un arte comprometido con su tiempo*, México, 1990 (Tesis de Doctorado, Facultad de Filosofía y Letras, Universidad Nacional Autónoma de México).

[6] Wolfgang Paalen, "Farewell au Surréalisme", en *Dyn* n. 1, San Francisco, Greenwood Press, abril-mayo de 1942, p. 26.

[7] Carlos Martínez Assad, "El cine como lo vi y como me lo contaron", en Rafael Loyola (comp.), *Entre la guerra y la estabilidad política. El México de los 40*, Grijalbo/Consejo Nacional para la Cultura y las Artes, México, 1990, p. 343.

[8] Guillermo Boils, "Arquitectura y producción del espacio social", en Rafael Loyola, op. cit., p. 323.

de conocer una cultura ancestral resaltada por el surrealismo como sangrienta, mágica y convulsiva. Quizá Benjamin Péret, autor de *Air mexicain*, era uno de ellos. Otros
sólo buscaban un lugar apartado de la guerra para poder vivir.

Remedios Varo llegó junto con Péret; ella alguna vez dijo: "Llegué a México buscando la paz que no había encontrado, ni en España —la de la revolución—, ni en
Europa —la de la terrible contienda—, para mí era imposible pintar entre tanta inquietud".[9] Junto a ellos estaría Leonora Carrington, quien vino al país con Renato Leduc,
y alrededor de este grupo estuvo una temporada el pintor Esteban Francés, quien conocía a Remedios Varo desde Barcelona. Todos ellos estaban ligados al surrealismo
de Breton. También José y Kati Horna se vincularon a aquel grupo.[10]

Gerzso dice que conoció al grupo por azar pues necesitaba ayuda para su trabajo de escenógrafo. Un amigo le dijo que en la calle Gabino Barreda vivían unos artistas extranjeros, refugiados de guerra y terriblemente pobres que seguramente podrían
auxiliarlo en calidad de maquetistas. A Gerzso —eso lo dice en retrospectiva— no
le atraía demasiado el mundo esotérico y de magia que cultivaban Remedios y Leonora, quienes jugaban a la Ouija y al Cadáver Exquisito —juego inventado por los
surrealistas— y no tenían interés en el arte y el mundo mexicanos. Sin embargo, Gerzso
llevó una estrecha amistad con las dos pintoras, aunque no quedó hechizado por las
obras de Remedios, a quien consideraba tan sólo una buena ilustradora; de la Carrington pensaba que tenía una cultura pictórica más profunda.

Por otra parte, Agustín Lazo, Frida Kahlo, María Izquierdo, Orozco Romero, Julio
Castellanos y Rodríguez Lozano simpatizaban con los aspectos oníricos del arte mexicano y, más aún, por lo maravilloso cotidiano, que tiene que ver con las propias
tradiciones como los exvotos y los textos de agradecimiento por curas milagrosas;
el gusto en el arreglo de los frutos y las flores en los mercados y la imaginación del
pueblo al hacer altares llenos de sorpresas visuales en los que intervienen el color
y la espontaneidad matérica y morfológica del juguete y el arte popular.

En la misma década, *El Hijo Pródigo*, revista fundada en 1943 y dirigida por Octavio G. Barreda, reserva un espacio para la crítica de arte dedicada a la valoración
del arte precolombino y al nuevo héroe de la pintura mexicana que es Rufino Tamayo, en cuya obra se expresa un nuevo concepto estético logrado mediante la conjunción del arte popular y el arte precolombino con los distintos modernismos, desde la
apropiación de lo primitivo hasta la reinterpretación de Picasso y Braque.

A pesar de que todo esto sucedía en México, la impresión de Gerzso es que sus
amigos surrealistas no tenían ningún interés en plantearse la grave pregunta: ¿qué es
ser un pintor en México? Gerzso encontraría su propia respuesta unos años después,
cuando inicia su pintura de paisaje en la segunda mitad de la década de los cuarenta. Pero antes había pintado sus cuadros surrealistas, que vale la pena examinar no
sólo por su valor plástico, sino también por las claves iconográficas que encierran.

[9] Janet A. Kaplan, *Viajes inesperados. El arte y la vida de Remedios Varo*, Fundación Banco Exterior / Ediciones Era, Madrid y México, 1989, p. 85.

[10] Entrevista de Rita Eder con Kati Horna, agosto de 1993. Kati y José Horna llegaron a finales de octubre de 1939 en *Le Havre*, último barco que salió de Francia, o así al menos lo recuerda Kati. "No me consideré nunca surrealista —dice la fotógrafa—, ni artista, soy una mujer de trabajo cotidiano, pero estuve alrededor de este grupo de amigos que por la naturaleza de su creación en la pintura y la poesía, y también por sus años europeos cercanos a Breton, eran considerados el núcleo surrealista en México. Antes de la llegada de Remedios y Leonora hice amistad con Víctor Serge y Vlady, aún de pantalón corto, y con un muchacho español, el poeta Antonio Sánchez Barbudo, que trabajaba sobre Unamuno. Nos reunimos con mucha frecuencia en el Country Papagayo en avenida Juárez. En 1941 llegaron Remedios y el fotógrafo Semo, amigos de París, y en el mismo barco Chiki Weisz y Fritz Frenkel, que era psicoanalista; con ellos nos reuníamos en el centro en el Café Tupinamba. Para un 31 de diciembre, Frenkel nos invitó a nosotros y a Weisz a una fiesta que daba uno de sus pacientes en San Ángel, la fiesta era en realidad una congregación de refugiados recientes; ahí llegó Leonora Carrington, deslumbrante, y entre Chiki y ella —recuerda Kati—, se realiza este encuentro. A Gunther lo conocí en 1943 y puedo asegurar que es el pintor más culto que conozco, y es posible que en todo el Distrito Federal no haya ningún artista que pueda igualar este vastísimo conocimiento de literatura, filosofía y poesía. Una de sus grandes pasiones era ir con frecuencia a la Librería Internacional y enterarse de las novedades bibliográficas. Gunther sabe mucho sobre arte y antes teníamos discusiones sobre pintura; recuerdo su admiración por la factura de paños de los grandes maestros como Velázquez."

6
EL SURREALISMO DE GERZSO

El surrealismo —lo han dicho ya varios críticos de Gerzso y él mismo— le interesó por la vía de Tanguy, a quien Golding considera el pintor más hermético de los grandes surrealistas y cuyo arte, al igual que el de Gerzso, ha logrado en gran medida que sus secretos escapen al escrutinio artístico, histórico y crítico.

Su etapa plenamente surrealista ocurre entre 1942 y 1946; al contrario de su obra posterior, estos años muestran una producción disímbola. Aflora un surrealismo que Ida Rodríguez Prampolini ha calificado de verista;[11] a esta tendencia pertenecen dos cuadros ya mencionados, *La barca* y *Naufragio*, así como *Los días de la calle Gabino Barreda* (1944), que llama la atención por su composición compleja y la riqueza del color, su carácter escenográfico, una puesta en escena de las distintas máscaras de sus amigos surrealistas, y que es un indudable testimonio de una época importante en su vida.

▷ 5

En la pintura aparece Leonora Carrington como un torso rodeado de viñas trepadoras; Benjamin Péret es una figura sin cuerpo flotando por las nubes; Esteban Francés toca una guitarra rodeado de mujeres desnudas. Gerzso mismo es una cabeza que sale de una cajita y Varo una figura felina tumbada en el suelo con un antifaz y rodeada de gatos.

Una breve mirada al cuadro nos permite entender que las protagonistas de esa casa ubicada en la colonia San Rafael eran las dos mujeres. Leonora Carrington y Remedios se conocieron en París, pero sería en México donde realmente llegarían a formar una relación fincada en compartir extraños poderes de inspiración, en la creencia de ambas en lo sobrenatural y en la magia. La amistad de estas dos pintoras aparece en los cuentos que ambas escribieron. En una obra de Carrington, *La corneta acústica*, hay dos personajes: una es Marion Leatherby, una feminista inglesa de no-

[11] Ida Rodríguez Prampolini, op. cit., p. 100.

venta y nueve años, que está cautiva en un castillo medieval español convertido en residencia para ancianos (una alusión al tiempo que pasó Leonora durante la guerra en un manicomio en España) y la otra su pelirroja amiga española Carmela Velásquez, una mujer famosa por escribir cartas a personas que no conoce (afición que Varo cultivaba con frecuencia) y que está muy ocupada pensando cómo rescatar a Marion.

Varo y Carrington tenían afición por los experimentos y gusto por lo absurdo; realizaban investigaciones semicientíficas utilizando la cocina como laboratorio, inventando recetas que prometían una amplia gama de soluciones mágicas. Hay una serie de textos de Remedios Varo en que se ofrecen ''Recetas y consejos para ahuyentar los sueños inoportunos, el insomnio y los desiertos de arenas movedizas bajo la cama''. Hay recetas para estimular sueños eróticos con los siguientes ingredientes:

Un kilo de raíz fuerte, tres gallinas blancas, una cabeza de ajos, cuatro kilos de miel, un espejo, dos hígados de ternera, un ladrillo, dos pinzas para la ropa, un corsé con ballenas, dos bigotes postizos, sombreros al gusto.

La receta, según lo consigna Janet Kaplan en su biografía de Remedios Varo, proporciona muchos detalles para su preparación, y ofrece instrucciones para la cocinera:

[. . .] Póngase el corsé bastante apretado. Siéntese ante el espejo, afloje su tensión nerviosa, sonríase, pruébese los bigotes y los sombreros según sus gustos (tricornio napoleónico, capelo cardenalicio, cofia con encajes, boina vasca, etcétera) [. . .] Corra y vierta velozmente el caldo (que debe estar muy reducido) en una taza. Regrese con ella apresuradamente ante el espejo, sonría, beba un sorbo del caldo, pruébese un bigote, beba otro sorbo, pruébese un sombrero, beba, pruébese todo, tome sorbitos entre prueba y prueba y hágalo todo tan velozmente como sea capaz.[12]

Varo y Péret, considerado el más fiel de los miembros al surrealismo original, habían llegado a México de Europa a finales de 1941, en un barco portugués llamado el *Serpa Pinto*. Para los estudiosos de la diáspora del surrealismo europeo, la llegada a América de numerosos protagonistas de este movimiento vital significó el advenimiento de un verdadero contacto de los mexicanos con la vanguardia; quizás olvidaban que estos refugiados de guerra habían sufrido experiencias de hambre, de cárcel o de persecución. En el caso de este matrimonio, la posición de izquierda de Péret lo llevó a la cárcel, etapa que menciona en el texto *La palabra a Péret*, y a causa de las posiciones políticas de su marido Remedios fue detenida en París por una corta temporada a finales de 1940. Sin embargo Gerzso la recuerda alegre y con una gran

[12] Cit. en Janet A. Kaplan, op. cit., p. 95.

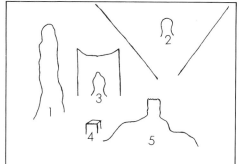

*Los días de la calle
de Gabino Barreda.* 1944
1. Leonora Carrington
2. Benjamin Péret
3. Esteban Francés
4. Gunther Gerzso
5. Remedios Varo

vitalidad; el departamento de la colonia San Rafael era agradable, lleno de gatos y jaulas con pájaros; en las paredes colgaban dibujos de Picasso, Ernst y Tanguy. En esa casa se reunían los amigos para hacer fiestas y muchas veces para jugar al Cadáver Exquisito, adaptación surrealista de un viejo juego de salón consistente en hacer yuxtaposiciones y acciones al azar inconscientes, en el que intervenían varios artistas; se creaba una figura en la que cada jugador aportaba su contribución, ignorando lo trazado anteriormente. También había la variante original de ser un juego en el que cada jugador escribía una palabra o una frase para formar un pequeño texto.

Para la crítica estadounidense Dore Ashton, el Péret surrealista alentó el vuelo de Gerzso hacia el interior, y su relación fue importante para la raigambre surrealista de Gerzso. "Los cuadros de Gerzso siguen enraizados en la filosofía surrealista, donde se veneran la sorpresa y el prodigio, la exaltación dramática y la otredad; pero, sobre todo, los insólitos encuentros de imágenes. La importante función de la yuxtaposición en la teoría surrealista es desempeñada admirablemente en los cuadros de Gerzso, igual que en los poemas de Péret".[13]

John Golding ve en la obra más sugerente del periodo surrealista de Gerzso, *El descuartizado*, un compendio de fuentes surrealistas: Tanguy, Miró, Ernst, Dalí, e inclusive encuentra interesantes analogías con Matta, quien visitó México en 1941.

▷ 6

[13] Dore Ashton, "La pintura de Gunther Gerzso", *Vuelta* n. 92, julio de 1984, pp. 43-45. [Véase pp. 180-82 de este libro. E.]

El descuartizado —dice Golding— es surrealista no sólo por el uso de imágenes compuestas y biomorfas, sino también por la implicación de que la sexualidad del hombre encuentra ecos y analogías en la sexualidad de la naturaleza, así como por la sugerencia de que aun formas inanimadas son capaces de contener y transmitir una tensión erótica. Ambos temas, aunque cada vez más sublimados en el arte de Gerzso, habrían de conservar una posición fundamental dentro de su visión. El elemento de sadismo que algunos críticos han detectado en la obra de Gerzso se vuelve aquí muy obvio y constituye uno más de los elementos que vinculan firmemente esta obra con el mundo surrealista.[14]

Si bien es cierto lo que apunta Golding, es necesario añadir que la analogía entre la sexualidad humana y la de la naturaleza también fue ampliamente cultivada en la pintura mexicana; ver por ejemplo los paisajes erotizados de Diego Rivera, dos de los cuales figuraron en la exposición surrealista de 1940, o bien algunos cuadros fantásticos en que cuerpo femenino y tierra se confunden con *El sueño de la Malinche* de Antonio Ruiz.

El descuartizado es una clave para entender los vínculos de Gerzso con la problemática del surrealismo, con sus obsesiones y gustos. El pintor me mencionó con frecuencia el problema del miedo a la nada al final de la vida y el infinito vacío que se abre en las superficies negras de sus cuadros, siempre detrás de los planos de color pulidos y trabajados: "Cuando usted quiere mirar hacia adentro de mis cuadros, siempre se encontrará con un muro que le impide pasar, la detendrá con el fulgor de su luz, pero en el fondo hay un plano negro; es el miedo".

El descuartizado también involucra una concepción del cuerpo como eros. Las heridas y rasgaduras que Gerzso incorpora a las impecables superficies de su obra posterior de carácter abstracto son una reafirmación de que la temática del *Descuartizado* se continúa.

En *Las lágrimas de Eros*, Georges Bataille[15] traza una historia del erotismo a partir de imágenes y esculturas que provienen de la prehistoria y se detienen en el surrealismo; se trata de un erotismo ligado al sacrificio y a la tortura como vía del éxtasis. La imagen contemporánea que elige Bataille como centro de su obra es la del suplicio chino; se trata de un descuartizado en cien pedazos que recibe el castigo por haber cometido delitos graves; lo que llama la atención en esta imagen es la expresión extasiada del ajusticiado. Bataille llega a la conclusión de la unión de los contrarios: la conciliación del gozo con el dolor extremo; la fusión de lo sagrado con el sacrificio, con la cual se alcanza finalmente el éxtasis.

El descuartizado de Gerzso es un cuerpo abierto, una anatomía liberada de los tejidos superficiales que deja al descubierto vísceras, intestinos, dientes, músculos y huesos que están en proceso de metamorfosis hacia un mundo mineral de tonalida-

[14] John Golding, "Gunther Gerzso. Paisaje de la conciencia", en Octavio Paz/John Golding, *Gunther Gerzso*, Éditions du Griffon, Neuchâtel, Suiza, 1983, p. 24. [Véase pp. 175-79 de este libro. E.]
[15] Georges Bataille, *Las lágrimas de Eros*, Tusquets, Barcelona, 1981.

des ocres y azufrosas; su tensión surge de la presencia de una visión interior, una fantasía orgánica, y del paisaje cubista que lo sostiene.

Para mí Gerzso, sin sospecharlo, establece en este cuadro una afinidad compositiva con el *Paisaje zapatista* de la época parisina de Diego Rivera, en el cual el fondo desciende en grandes diagonales que al mismo tiempo que lo enmarcan son parte de los elementos paradigmáticos de una imagen de la Revolución: las cananas, el sarape y el sombrero, recuerdos, emblemas de su país. El cubismo para Diego, igual que para Gerzso, es el nuevo clasicismo del siglo XX, una manera de estructurar el espacio del cuadro en forma sólida, pero que, más aún, permite entender la idea de la realidad en la pintura de una manera más elaborada y abierta en que los planos de lo exterior y lo interior —el mundo que nos rodea y el de la conciencia— están unidos por una mirada que no sólo ve lo que está afuera sino también lo que imagina.

El cubismo, como ya se sabe, no plantea un espacio de acuerdo a las nuevas teorías de la relatividad sino que introduce, como parte de una descripción de la realidad, el espacio psicológico; obedece a las leyes de la mirada que no puede impedir elaborar lo que ve, transformar, imaginar mientras mira. Y ésta es la base cubista de Gerzso, que también admitirá otros contenidos, otras sensibilidades. Es importante señalar que la problemática de este pintor arranca del surrealismo, pero a la larga encontrará en el cubismo todas las posibles transformaciones que su imaginación requería, sin renunciar a la realidad. Conforme pasa el tiempo, el tema de una imagen de la conciencia se hará más necesario y demandante, pero encontrará la metáfora adecuada para este construirse a sí mismo por medio de la pintura. Esta metáfora es la arquitectura.

23

Fritz Frankhauser,
Hans Wendland y
Gunther Gerzso.
Atenas, 1956

El cine dio a Gerzso algunas cosas de gran valor; pese a saber que no estaba inmerso en un reto intelectual que le pudiese apasionar, hacía su trabajo con dedicación y practicó tanto su gusto por el detalle como su innegable tendencia al perfeccionismo. Basta oír algunos de sus comentarios sobre los argumentos que le tocó ambientar para darse cuenta de las numerosas lecturas que le permitieron conocer el sentido de las tramas, a veces mejor que el director de la película. Eso sucedió en 1984 con *Bajo el volcán*, que marcó su regreso al cine por única vez después de mediados de los años sesenta. A Gerzso le ha quedado claro que John Huston no entendió en lo más mínimo que *Bajo el volcán* es una novela eminentemente política. El pintor conoce la problemática de la obra de Malcolm Lowry a fondo. Se trata, sobre todo, no de un gran alcohólico, sino de un personaje que huye de su responsabilidad frente al fascismo y que encontrará la muerte en México a manos de fanáticos, los sinarquistas.

Lo más importante que a Gerzso le dio su experiencia en el cine mexicano fue la posibilidad de conocer su país; viajó por toda la república y quedó cautivado por el paisaje —es difícil tener sensibilidad artística en México y no intentar ser paisajista—, pero la mayor impresión la recibió de sus viajes a la zona maya, donde descubrió ese espacio sagrado que encierran los templos. Esta experiencia acentuó su búsqueda de dos planos disímbolos, contrastantes y complementarios, pero sobre todo lo hizo descubrir las afinidades entre ciertos modos de arquitectura y la existencia de zonas impenetrables en el alma humana que sólo pueden captarse por medio de la sensibilidad de la forma.

Entrar en la obra de Gerzso pareciera un contrasentido. La mirada se topa primero con un muro que en etapas tempranas tiene puertas, accesos, pasadizos; en el tras-

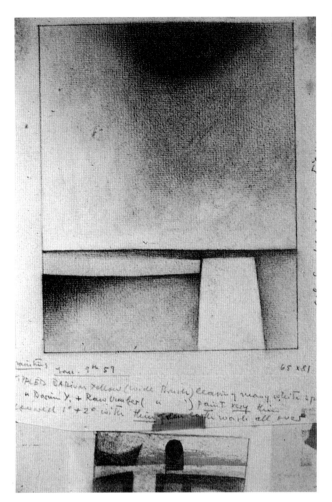

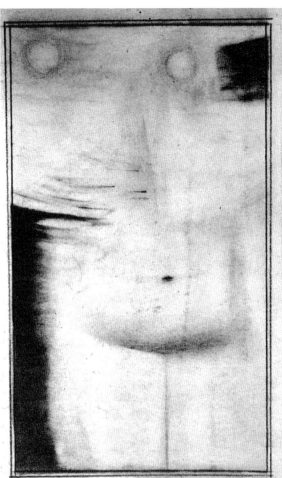

Dos dibujos
del cuaderno de
apuntes del pintor,
1959-1960

fondo hay un segundo plano, que a la vez que es fondo penetra y complica el plano frontal.

Después de su etapa plenamente surrealista, Gerzso encontró un camino para expresar su concepción de la pintura y llegar a una síntesis de lo que considera una de sus contribuciones a la estética de lo mexicano.

Estructuras antiguas, de 1955, es una obra representativa de lo que queremos decir; las formas, la concepción del volumen y el ritmo provienen de la observación de la arquitectura maya, en sus distintas etapas, arquitectónicas y decorativas. Lo que Gerzso llama el espíritu de su pintura está ligado a la interpretación de las emociones en los espacios sagrados, generalmente obscuros, íntimos, que casi no son observables desde afuera; esos espacios obscuros crean en su mente un signo equivalente, y lo que su mano lleva a la tela es este proceso mental en que el área de la tela constituye el lugar más resguardado de un conjunto arquitectónico, ligado a rituales o actividades que necesitan del aislamiento o del silencio y que se convierten en el fondo místico de las resplandecientes superficies de color, pulidas por su mano experta y su ojo deslumbrado por los grandes maestros de la pintura europea.

▷ 14

Gerzso es, después de todo, un conocedor de la gran pintura de Europa. Consciente de su biografía, integra todo lo que es y todo lo que sabe en sus obras. Su educación en Suiza entre 1927 y 1931, al lado de su tío materno Hans Wendland, lo marcó en su temprana adolescencia. El doctor Wendland había sido discípulo del eminente historiador del arte Wölfflin y su casa estaba llena de tesoros artísticos de todas las épocas. No menor huella le dejó la travesía de México a Europa, lejos de su madre a una edad de por sí compleja: "Imagino frecuentemente el barco que me llevó a Suiza con mi tío, tengo doce años, desde el barco miro y veo cómo se aleja la figura de mi madre". Hay una cierta melancolía en lo que dice, pero también una cierta complacencia.

Vivía entre adultos —los Wendland eran una pareja sin hijos— y cuenta sus escapadas de la escuela en Lugano, su cruce por las suaves colinas y su gusto por jugar en los establos con los hijos de los campesinos. Por otro lado, el mundo de los tíos le permitió vivir en un ambiente lleno de objetos espectaculares y de artistas que frecuentaban la casa, entre ellos Paul Klee, aunque al joven Gunther esto todavía no le importaba. Sin embargo, para Gerzso, Klee y Kandinsky serán fundamentales, porque cree en lo espiritual en el arte de acuerdo a una definición muy personal. "Porque el arte —me dice—, estará usted de acuerdo conmigo, es lo que nos hace ver la diferencia."

Durante nuestra entrevista volvimos en varias ocasiones a esa escena en el puerto de Veracruz cuando el niño de doce años se embarca para Europa. Su infancia fue compleja: huérfano de padre desde los seis meses, a pesar de un segundo matrimonio de su madre, será su tío en Suiza quien realmente se ocupe de su educación, y ésta consistirá en intentar hacer de su sobrino un *connaisseur* de obras de arte. No se imaginó que esta insistencia en que conociera a fondo los museos importantes de Europa y sus obras maestras iría tejiendo ciertas cualidades en la pintura de Gerzso, quien se lo explica así: por un lado los vacíos provocados por una infancia de rupturas y cambios y por el otro una educación artística profunda, en la cual la calidad pictórica tiene un lugar sagrado.

Gerzso transformará a la larga estas experiencias en ese telón oscuro que respira en sus obras, o, como él muy bien me ha dicho, "la creación permite al artista contener su mundo inconsciente bajo control, y arreglárselas con sus problemas interiores".

La buena superficie de la pintura europea es rescatada por él, es decir, por el oficio; pero las formas, la inventiva y la fantasía sugieren la riqueza de la arquitectura maya, los falsos arcos, las celosías y cresterías, el juego de volúmenes y planos, las amplias plazas que contrastan con las rítmicas penetraciones de los espacios y templetes. La técnica constructiva de la zona maya, piedras parejas que van formando paredes, es transformada en una arquitectura interior con muros que se convierten en escaleras que llevan consigo la memoria del paisaje, la suave curva de las montañas y el dibujo de la tarde en ocres, rojizos y reverberaciones del verde. Su concepción de la memoria y de las conversiones de las imágenes en su memoria no son posibles sin un cubismo bien entendido, al cual Gerzso aporta una dimensión menos ingenua y más sofisticada. Gleizes, Metzinger, Duchamp sobre todo, intentaron hacer del cubismo una manera de representar los procesos mentales y en ocasiones fueron muy literales; por ejemplo Duchamp en sus *Jugadores de ajedrez*.

Gerzso comprende las posibilidades del cubismo sólo a la luz de la arquitectura; por algo tenía admiración desde muy chico por Le Corbusier; pero la arquitectura precolombina es mucho más sugerente que el nuevo funcionalismo, porque tiene una dimensión religiosa y una relación con el paisaje que el pintor transforma al incorporar no sólo la desaparición de lo visible, sino también el recuerdo de lo que está a los lados y alrededor; renuncia al gran angular descriptivo y opta por una síntesis que permite conjugar memoria y realidad; por eso afirma, cuantas veces puede, que él no es un pintor abstracto.

Por otra parte, lo precolombino en su pintura rebasa los elementos de la arquitectura maya y la del norte de Veracruz.

Durante las largas entrevistas, cuando le pregunté por sus procesos de creación, por ejemplo, ¿qué ve, qué aparece en su mente cuando está a punto de pintar un cuadro?, prefirió levantarse y se acercó a una pequeña colección de piezas precolombinas; se detuvo especialmente frente a una pequeña figura olmeca decapitada, regalo de Paalen; podría asegurar que la miraba con intensidad, como la forma más deseada, mientras sus manos señalaban una superficie excepcionalmente bien pulida y se detenían en las hendiduras, en su vivencia del cuerpo como paisaje. Daba la impresión de estar inmerso en una práctica ritual, en una ceremonia íntima en la que el contacto de las manos con el jade liso, agradablemente fresco, era una manera de significar su estrecha relación, esa que le une en espíritu con las antiguas culturas de México.

Mientras se detenía en las distintas piezas prehispánicas y me enseñaba a verlas y a tocarlas como él las sentía, creí adivinar que en su manera de apresar la materia podía tocar ese misterio, color y expresión que tanto le atraen.

En la sala de su casa, arriba de las piezas precolombinas colocadas en medio de la pared sobre una ancha repisa de madera, ha colgado uno de los pocos cuadros que de su propia obra conserva. Se trata de *Aparición*, de 1960. *Aparición* estable- ▷ 23
ce ya su lenguaje de madurez; es diferente a los paisajes de mediados de los años cincuenta que se caracterizan por una intensa fragmentación de elementos y que si- guen la fantasía de la arquitectura maya. Ya en *Mal de ojo*, de 1957, aparece un ▷ 17
cambio notable: los volúmenes se hacen más amplios y lisos y de ellos se escapa, en forma recortada o aislada, un conjunto de pequeños cuadritos que más que salir parece que son tragados por la fuerza del gran muro, aparentemente una manera simbólica que el pintor tiene de despedirse de un lenguaje pictórico que siente agotado.

De 1957 en adelante, obras como *Recuerdo de Grecia*, de 1959, mostrarán un ▷ 19
viraje en su pintura a planos cada vez más vastos y mayor énfasis en la textura, una paleta menos diversificada y un aire más audaz por su franca sensualidad y contras- tes de color. El viaje a Grecia significó para el pintor el descubrimiento de una sensibi- lidad especial para trabajar la materia que con su fino ojo debe de haber captado en la cerámica. En *Delos* y *Torso* (1960), *Desnudo rojo* (1961) y *Cecilia*, del mismo ▷ 20, 21, 25, 29
año, se manifiesta el placer del artista por la textura. De los eternos muros que confor- man el fundamento de su iconografía surge con mayor fuerza que nunca la expresión de su erotismo; en ningún otro momento de la pintura de Gerzso se repetirá con la misma energía la presencia rotunda de su deseo transformado en signo.

Aparición imagino que es uno de sus cuadros favoritos; conserva la franja obscura, pero en este caso es estrecha y enmarca un gran plano naranja intervenido en la par- te de arriba por un rectángulo de brillos nacarados; las incisiones ilusorias son para marcar el pubis de un cuerpo femenino.

El arte prehispánico le hizo tomar otra conciencia de las superficies pulidas y de las hendiduras que no necesitan del realismo para sugerir las formas. Pero sobre todo se identifica con una cualidad emocional y sensible que emana de la concepción es- piritual que lo sustenta, esa zona de la conciencia que el hombre no logra conocer de sí mismo (*Experimento metafísico*, 1961), el misterio de la muerte que se acoge ▷ 27
a la religión o al erotismo.

Morada antigua y *Paisaje arcaico*, ambos de 1963, se relacionan íntimamente con ▷ 35, 31
El tiempo se come a la vida, de 1961; en estas tres obras los planos recesivos pare- ▷ 28
cen abrirse hacia un punto desconocido y muestran el poder visionario del artista para

hacer una imagen de un espacio que sólo cobra sentido como premonición del sueño eterno que nos atrapa y nos lleva a través de capas de color cada vez más opresivas hacia el punto de la nada, esa nada que siempre está en franca tensión con la vitalidad de la superficie. Quizá por eso la pintura de Gerzso es de un color bravo, intenso y desafiante; las formas adquieren en ciertas obras, como *Aparición* o *Recuerdo de Grecia*, un culto al cuerpo, pero aun ahí encuentra otra manera de establecer la permanente dialéctica entre la vida y la muerte, entre la veneración del cuerpo y la estigmatización de la carne glorificada, la penetrabilidad de las fortalezas que construye, una necesidad de afirmar la vulnerabilidad de sus muros.

A principios de los años sesenta Gerzso habrá realizado, desde su obsesión pendular por el amor y la muerte, sus obras más conmovedoras. Es inevitable admirar en ellas su gran capacidad para crear imágenes del terror cósmico que intuía en la escultura precolombina y que evoca en el espectador con un lenguaje moderno. Su arte, desde *El descuartizado*, es una manera de desmantelar el cuerpo para llegar a la imagen de la psique, de la conciencia, del alma o del espíritu, esa substancia de la que están hechos los hombres más allá de su materia.

Su formación como pintor, como ya vimos, ocurre en los años cuarenta al amparo de ciertas tendencias de la Escuela Mexicana de Pintura, de su contacto con los surrealistas y de su búsqueda de otro concepto de identidad en la pintura moderna de México, y esa identidad no tiene nada que ver con las vanguardias y el internacionalismo que sedujo a la generación de la Joven Pintura en los años sesenta; para él,

Pedro Friedeberg, Mathias Goeritz, Gunther Gerzso, Rodolfo Nieto y José Luis Cuevas. Ciudad de México, 1973

el secreto de una pintura mexicana está en la reinterpretación de los valores cultura-les propios que tienen un sentido universal. Su rechazo a ser llamado un pintor abs-tracto es otra manera de descalificar el acento que el arte del siglo XX puso hasta hace unos años en la necesidad del cambio constante y en la presión para estar al día.

A fines de los años sesenta, se concentra en la exploración del color. Los planos tienden a ser menos profundos y la atmósfera metafísica se transforma en virtuosismo; deslumbra el perfecto acabado, la inteligencia de la combinación de las formas, el diseño delirante de un espacio cada vez más impenetrable y el acento en las relacio-nes de los planos que surgen entre el capricho y un ritmo impecable, exacto como la composición de una sinfonía o una coreografía sin mácula; obras como *Azul-naranja-verde*, de 1968, o *Azul-verde-amarillo*, de 1970, son tan sólo unos ejemplos.

▷ 51
▷ 57

Gerzso cambia de rumbo, hace nuevas exploraciones con la forma y el color, pero lo verdaderamente constante son las variaciones entre la síntesis de los planos y su descomposición en numerosas e inquietantes figuras geométricas. En los años setenta los muros, esos que apenas nos dejan ver los fondos, se transforman en una serie de elementos geométricos pequeños que ya no invaden ni cubren la superficie; podemos percibir un espacio, que ahora es el fondo en el que destaca el movimiento de los planos reducidos. Para mí este cambio en Gerzso es comparable al que puede ob-servarse en Mondrian, quien de las superficies lisas y amplias, pasa en 1938 con *Broad-way Boogie Woogie* a múltiples planos pequeños en secuencias rítmicas. *Azul-rojo-amarillo-ocre* (1971) es una obra que muestra la transición entre un lenguaje anterior de planos amplios que cubren el fondo y el nuevo sentido analítico de sus formas. Sustituye los elementos dramáticos, quizá románticos, por una exploración lúdica, for-mal, de lo geométrico. Se solaza en la finura del dibujo (*Aeropuerto chiclero*, 1972) y en su capacidad para dotar a elementos simples de una fuerza expresiva que atra-viesa por procesos intelectuales, escaleras y laberintos, mesetas y pirámides que sólo pueden ubicarse en el espacio imaginario de la pintura.

▷ 59
▷ 61

9
LAS CIUDADES IMAGINARIAS

Gerzso no se considera parte del movimiento abstracto mexicano que se inicia a fines de la década de los cincuenta con algunos protagonistas de la llamada Joven Pintura mexicana, entre ellos Manuel Felguérez, Lilia Carrillo, Fernando García Ponce y Vicente Rojo; algunos críticos de arte lo han ubicado al lado de Matías Goeritz y Carlos Mérida en su calidad de introductores de una modernidad que el artista ve con sospecha.

¿Quién es Gerzso en la pintura mexicana del siglo XX? Su propuesta es la de investigar lo que en el muralismo queda esbozado, encontrar un diálogo con el arte precolombino desde una perspectiva moderna. En el arte de América Latina existe un grupo de artistas preocupados por estas afinidades, por ejemplo, entre otros, Torres García, Szyszlo y Tamayo. Los dos primeros han elaborado una propuesta que en cierto modo parte de una visión arquitectónica del plano pictórico, Torres García desde su constructivismo tembloroso y Szyszlo como homenaje a las imponentes ciudades y murallas que los incas legaron al Perú. En un texto que Marta Traba dedica a Gerzso, encuentra relaciones entre el pintor mexicano, Szyszlo y el escultor uruguayo Gonzalo Fonseca. Su punto de vista es que lo tres desarrollan su obra alrededor de un espacio de clausura:

> Si considero las piedras de Fonseca como paisajes, es porque no creo que sean casas-ciudades-ruinas para ser colocadas en el espacio, sino que el espacio está implicado y encerrado en ellas férreamente. A tal grado comprimido y encarcelado en los materiales duros, además, que la respiración del espacio está dada por sus misteriosas e inesperadas aperturas, nichos, puertas, ventanas imaginarias [. . .]

La petrificación del espacio en Fonseca, la clausura sacra de Szyszlo, y el espacio progresivamente amurallado de Gerzso son, pues, para mí, tres ejemplos de paisajes con espacio cerrado.[16]

Tamayo encontrará al arte prehispánico desde su formación en la gran pintura moderna, y viceversa: esa tradición culta será descubierta a partir de una sabia observación de los principios formales que proceden de las antiguas culturas de México. Si la afinidad con Torres y Szyszlo parte de un interés por la arquitectura y el tratamiento sensual de la materia, con Tamayo tiene Gerzso en común la notable exploración del color que constituye, sobre todo en los años recientes, un desafío del que cada obra sale enriquecida y nos asombra por los grados de dificultad que en este sentido el artista se impone.

Trópico (1989) es un ejemplo de maestría colorística, el estado de ánimo y la memoria de la interacción entre la luz y la naturaleza, entre el color de un naranja con múltiples variaciones y el fresco verdor de la vegetación que penetra el plano de la luz. *Tierra de agua* (1991) es el puro color. El verde toma distintas variaciones de luz y textura, de tonos y formas. *Noche* (1991) es un buen ejemplo de cómo el artista retoma permanentemente vocabularios visuales de otros momentos de su trabajo pictórico; *Noche* es la elaboración de una imagen afín a *La noche estrellada* de Van Gogh. Las estrellas y soles son recatados cuerpos celestes exaltados por el brillo y la energía de la textura. El contraste entre ambas obras tiene que ver con dos conceptos de espacio que interesan al artista, el que se clausura sobre sí mismo —el de *Mito* (1988), o *Arcano* III (1990), o una de sus obras más sugestivas, *Tal como él* (1987)— y aquel que atraviesa las barreras de los muros y se permite el goce de la pintura (*Paisaje*, 1987). Si sus obras son en el fondo permanentes autorretratos, cabe pensar que los muros domesticados, que a veces cobran una dimensión amable en el espacio del cuadro, son, por un lado, expresión de vivencias de serenidad y, por otro lado, más allá de la dimensión psicológica, estudios del espacio. Gerzso fabrica relaciones, confronta volúmenes, contrasta texturas, como en *Personaje arcaico* y *Campo dual*, ambas obras de 1985.

Gerzso indudablemente es pintor de lo mexicano. Recordemos que surge a la pintura como admirador de Castellanos y de Orozco Romero. Son los años cuarenta, y aunque entonces ya asoman críticas a los muralistas, la Escuela Mexicana está en pleno auge. Es la época en que realmente se vuelve a descubrir lo precolombino, no sólo como cultura sino como vocabulario formal, a lo cual contribuyeron en forma notable los surrealistas.

La importancia de la revista *Dyn* —que ya mencionamos— debe subrayarse si nos referimos a la relación entre el arte precolombino y el surrealismo; su intención fue desde un principio mostrar las afinidades del arte amerindio con el arte contemporáneo, de la misma manera que los surrealistas habían logrado integrar el arte negro

▷ 110

▷ 114

▷ 100, 111, 97

▷ 94

▷ 90, 98

[16] Marta Traba, *La zona del silencio*, Fondo de Cultura Económica, México, 1975, p. 35. [Véase pp. 170-75 de este libro. E.]

Jock McDonald,
Retrato de Gunther Gerzso,
San Francisco, 1989.
Colección Galería López Quiroga

a su concepción de un mundo mágico y maravilloso. Uno de los personajes que se interesaron por lo precolombino fue el poeta Benjamin Péret, conocido y respetado por Gerzso. Péret escribe un prólogo para introducir las fotografías de tema prehispánico de Manuel Álvarez Bravo en el libro *Los tesoros nacionales de México*. En su texto utiliza la justificación tradicional de aquellos tiempos: destacar la importancia del arte prehispánico al compararlo con las obras del mundo de Egipto y Grecia, por ejemplo. Los mayas son los griegos y los aztecas son los egipcios; pero Péret entra en materia cuando explica el concepto de la muerte dentro de un contexto poético y lo enlaza con lo maravilloso a través de lo mítico. Así, coloca a los aztecas en un lugar único por su intensidad cruel y los fusiona a la "belleza convulsiva" invocada por el surrealismo:

> Era preciso que así fuera —dice—, que esta muerte exaltada por seres que la soportaban con una indiferencia altiva y hasta quizás la esperaban como una consagración de su vida, fuera reflejada con todo el horror que inspira conscientemente a hombres protegidos a pesar suyo por un inalienable instinto de conservación.[17]

Esta divinidad que pide la sangre de sus criaturas y carga con el horror de su muerte, inserta a Péret en la genealogía de la crueldad, tan cara a Bataille.

El surrealismo en México se desarrolla en torno a dos núcleos bien diferenciados. Por un lado, los destacados artistas e intelectuales que reúne la revista *Dyn*: Alice Rahon, Eva Sulzer, Robert Motherwell, César Moro, Gustav Regler; por el otro, Benjamin Péret, uno de los miembros fundadores del llamado primer surrealismo.

Cuando Gerzso habla de los surrealistas recuerda a Péret con agrado y a Paalen con cierta reserva. Lo cierto es que Paalen y Gerzso se conocieron y que el primero escribió un texto interesante en torno a *La ciudad perdida* de Gerzso, texto que se inicia con una cita de Kafka y una referencia a Kafka.

> Puede parecer extraño hablar de los monumentos mayas y de Kafka en una misma evocación —dice Paalen—; sin embargo, las insondables antecámaras de los castillos del escritor, las murallas de su China imaginaria, pueden reconocerse en las terrazas ascendentes, en las bóvedas infinitas y en las pirámides del México precortesiano. En la eternidad no se miden las distancias y los hombres solitarios, en su ruta de la ciudad perdida hacia la ciudad posible, han aprendido que lo más cercano es también lo más lejano. Para ellos los antiguos jeroglíficos que no se pueden ya descifrar y aquellos que aún no se han podido leer son igualmente significativos [...]

Gerzso ha escogido el camino difícil. El camino cuya meta ha de ser redescubierta a cada vuelta, donde la ciudad prometida puede convertirse en espejismo

17 Cit. en Luis Mario Schneider, *México y el surrealismo, 1925-1950*, Arte y Libros, México, 1978, pp. 204-05.

y el espejismo en una trampa. Pero, cuando el viajero no sabe ya si es preferible quemar o seguir llevando su lastre de imágenes, entonces vendrá alguien y le dirá: ecce pintor.[18]

El texto de Paalen es sugestivo en la medida que percibe que la arquitectura es el vehículo de la fantasía de Gerzso y su prisión. La primera mirada del pintor a la arquitectura precolombina capta ritmos de escaleras y cresterías, descompone los elementos arquitectónicos y los reordena en un paisaje imaginario iluminado de luna. No siempre las polaridades ocurren entre fondo y superficie, sino que van formando en el plano las distintas aristas de su depurada visión cubista que traslada al arte precolombino.

Hemos visto que el clima surrealista tuvo que ver con la formación del primer Gerzso, pero éste hizo una adaptación personal sin obedecer programas, consignas ni corrientes. Identificaba sus propios terrores con la estética de la crueldad surrealista. Escogió entre sus fuentes la escultura prehispánica en cuanto a contenido espiritual y la arquitectura como imagen de su cuerpo en que el alma se halla a la vez prisionera y revelada.

Su propuesta arranca de los escenarios de la percepción, del inconsciente envuelto, oculto, que reposa en el fondo de los tiempos y que atraviesa capas del sueño y emerge a la superficie; este proceso es difícil, puesto que tiene que atravesar los vericuetos del laberinto, los obstáculos que le permiten llegar al esplendor de su creación.

No pude evitar, mientras me acercaba al lado obscuro e irrespirable de la pintura de Gerzso, pensar en *El inmortal* de Borges, una pequeña gran historia que hace mucho tengo almacenada en la memoria y de la cual elijo unos fragmentos.

En el último volumen de una rara edición de la *Ilíada* de Pope que un anticuario de Esmirna ofreció en Londres a una princesa, se hallaba escondido un manuscrito que narra las vicisitudes de un tribuno romano que decide descubrir la Secreta Ciudad de los Inmortales. Ésta es su descripción, cuando por fin la vislumbra.

[. . .] La Ciudad estaba fundada sobre una meseta de piedra. Esta meseta comparable a un acantilado no era menos ardua que los muros. En vano fatigué mis pasos: el negro basamento no descubría la menor irregularidad, los muros invariables no parecían consentir una sola puerta. La fuerza del día hizo que yo me refugiara en una caverna; en el fondo había un pozo, en el pozo una escalera que se abismaba hacia la tiniebla inferior. Bajé; por un caos de sórdidas galerías llegué a una vasta cámara circular, apenas visible. Había nueve puertas en aquel sótano; ocho daban a un laberinto que falazmente desembocaba en la misma cámara;

35

[18] Wolfgang Paalen, Prefacio a *Gunther Gerzso* [catálogo], Galería de Arte Mexicano, México, 1950. [Véase p. 167 de este libro. E.]

la novena (a través de otro laberinto) daba a una segunda cámara circular, igual a la primera [. . .]

En el fondo de un corredor, un no previsto muro me cerró el paso, una remota luz cayó sobre mí. Alcé los ofuscados ojos: en lo vertiginoso, en lo altísimo, vi un círculo de cielo tan azul que pudo parecerme de púrpura [. . .] Fui divisando capiteles y astrágalos, frontones triangulares y bóvedas, confusas pompas del granito y del mármol. Así me fue deparado ascender de la ciega región de negros laberintos entretejidos a la resplandeciente Ciudad.[19]

Las imágenes de Borges, como las de Gerzso, recurren a las nociones de monumento, ciudad, arquitectura, muro; los muros son arduos, herméticos, no consienten puertas y no permiten el paso, por lo que su Ciudad de los Inmortales resulta difícil de alcanzar. Sólo atravesando galerías obscuras y distintos laberintos es posible vislumbrarla.

[19] Jorge Luis Borges, "El inmortal", en *Obras completas*, Emecé Editores, Buenos Aires, 1974, p. 536.

GERZSO

1 **LA BARCA** 1941/1942

2 **PERSONAJE** 1942

3   **MUJER PÁJARO**   1944

4   **RETRATO DE BENJAMIN PÉRET**   1944

5 **LOS DÍAS DE LA CALLE DE GABINO BARREDA** 1944

6   **EL DESCUARTIZADO**   1944

7 **NAUFRAGIO** 1945

8 **PAISAJE** 1947

9 **CENOTE** 1947

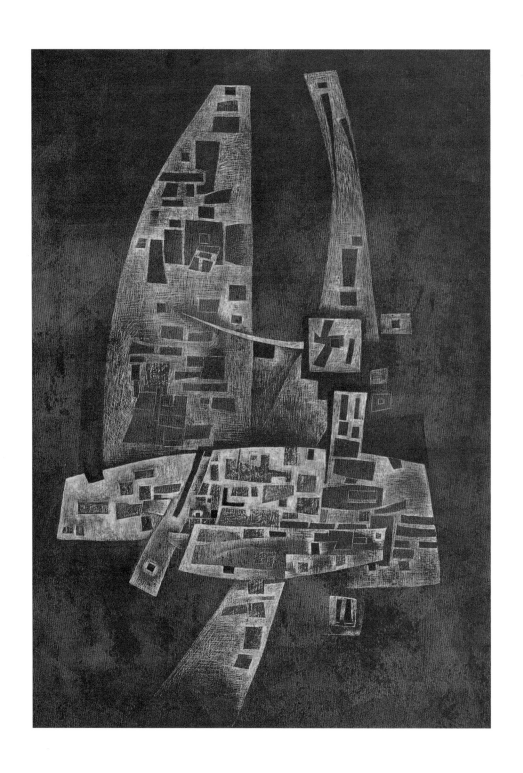

10 **EL SEÑOR DEL VIENTO** 1949

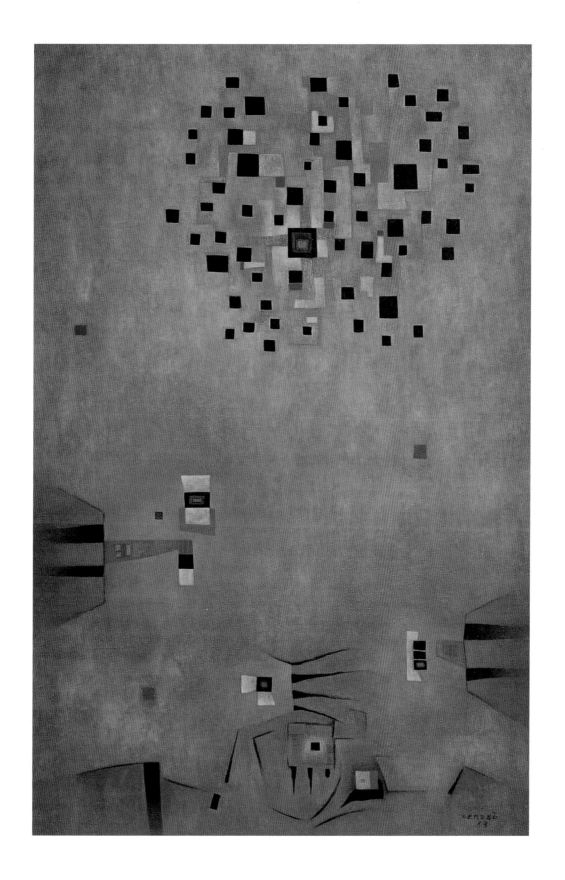

11 **LOS CUATRO ELEMENTOS** 1953

12 **CIUDAD ABANDONADA** 1953

13   **PAISAJE DE PAPANTLA**   1955

14   **ESTRUCTURAS ANTIGUAS**   1955

15 **CABEZA** 1956

16 **PERSONAJE** 1956

17   **MAL DE OJO**   1957

18 **SIGNOS** 1959

19 **RECUERDO DE GRECIA** 1959

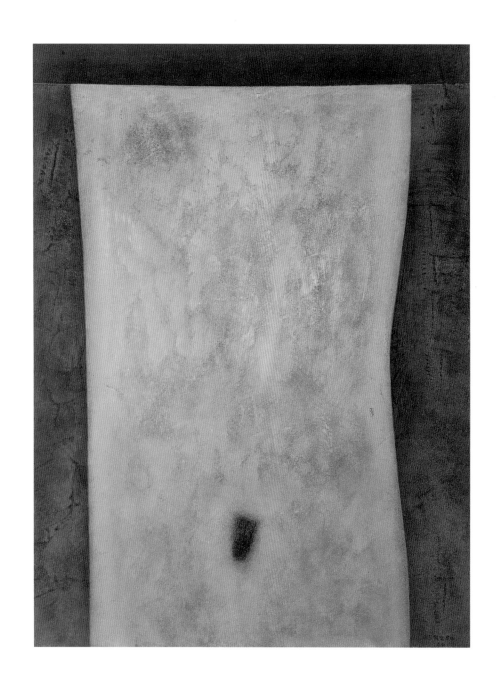

20 **TORSO** 1960

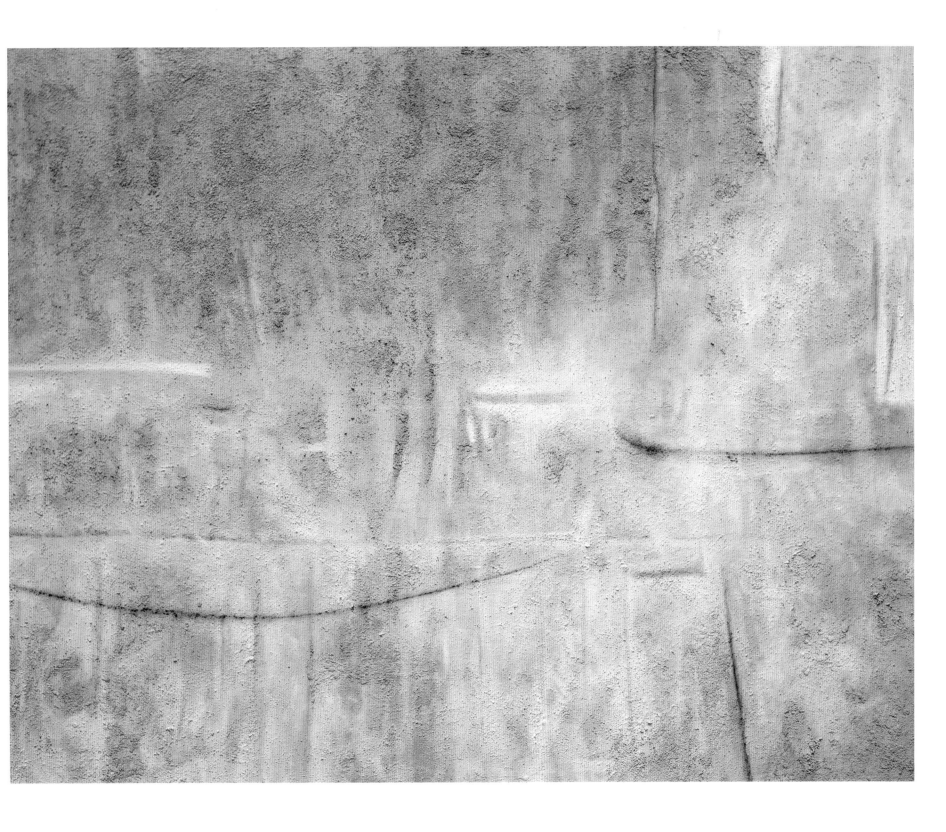

21 **DELOS** 1960

22   **PAISAJE CIEGO**   1960

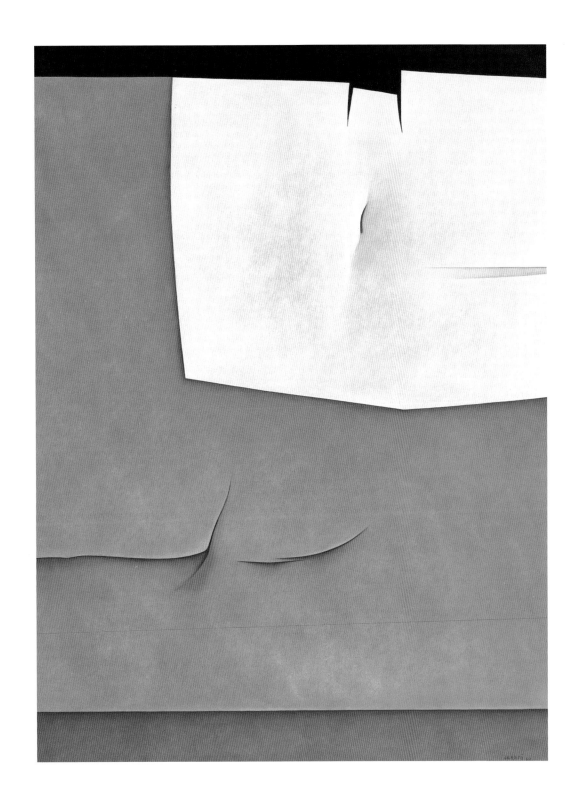

23   **APARICIÓN**   1960

24　**DIOSA ANTIGUA**　1961

25 **DESNUDO ROJO** 1961

26 **MURO VERDE** 1961

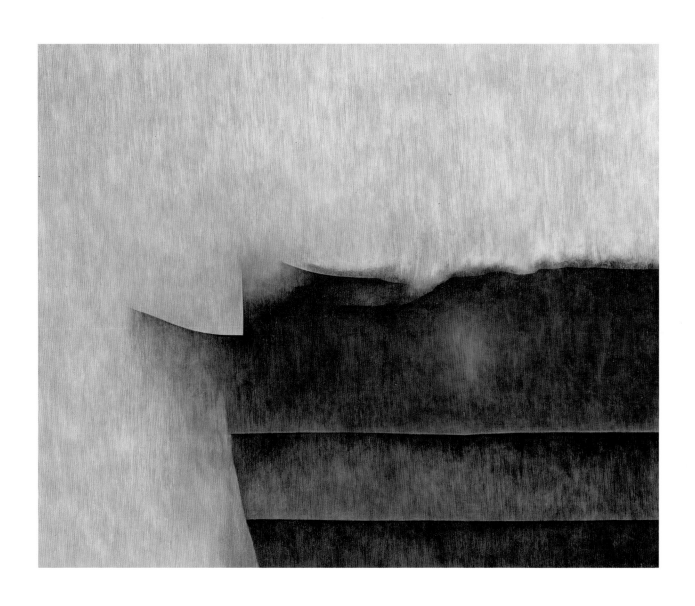

27 **EXPERIMENTO METAFÍSICO** 1961

28　**EL TIEMPO SE COME A LA VIDA**　1961

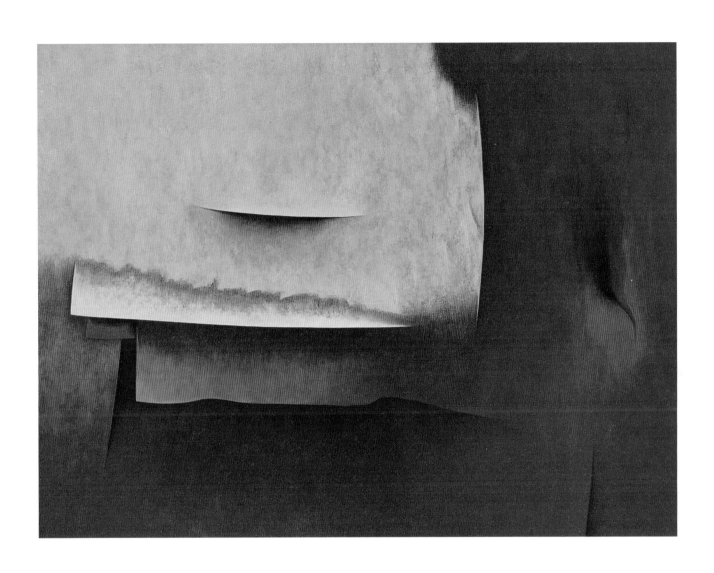

29 **CECILIA** 1961

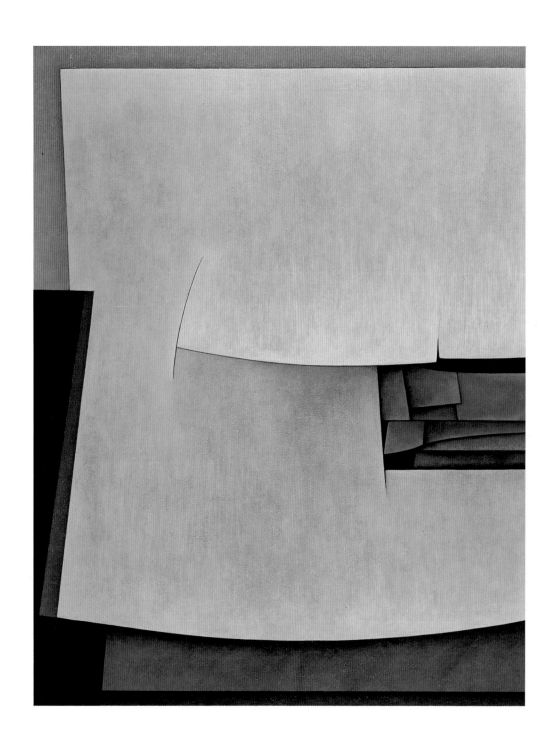

30   **MUJER BLANCA**   1961

31 **PAISAJE ARCAICO** 1963

32   **LUGAR POR DESCUBRIR**   1963

33 **NACIMIENTO** 1963

34 **CONVERGENCIA** 1963

35 **MORADA ANTIGUA** 1963

36   **CIRCE**   1963

37   **PAISAJE DEL TAJÍN**   1964

38 **PAISAJE AZUL** 1964

39   **PAISAJE ROJO**   1964

40　**CAMPO BLANCO**　1964

41 **MORADA** 1964

42 **PERSONAJE MITOLÓGICO** 1964

43   **PERSONAJE EN ROJO Y AZUL**   1964

44   **PAISAJE LEGENDARIO**   1964

45 **NARANJA-ROJO** 1965

46 **PAISAJE ROJO-VERDE** 1965

47 **BARRANCA** 1965

48 **PAISAJE** 1965

49   **AMARILLO-AZUL-VERDE** (SEGUNDA VERSIÓN)   1967

50 **VERDE-AMARILLO** 1967

51　**AZUL-NARANJA-VERDE**　1968

ROJO-GRIS-VERDE 1968

53   **PAISAJE AZUL-ROJO**   1964-1968

54 **FEMENINO, VARIACIÓN NÚMERO 8D** 1969

55 **AZUL-VERDE-ROJO** 1969

56 **ROJO-AZUL-BLANCO** 1970

57 **AZUL-VERDE-AMARILLO** 1970

58 **AZUL-BLANCO-ROJO** 1970

59 **AZUL-ROJO-AMARILLO-OCRE** 1971

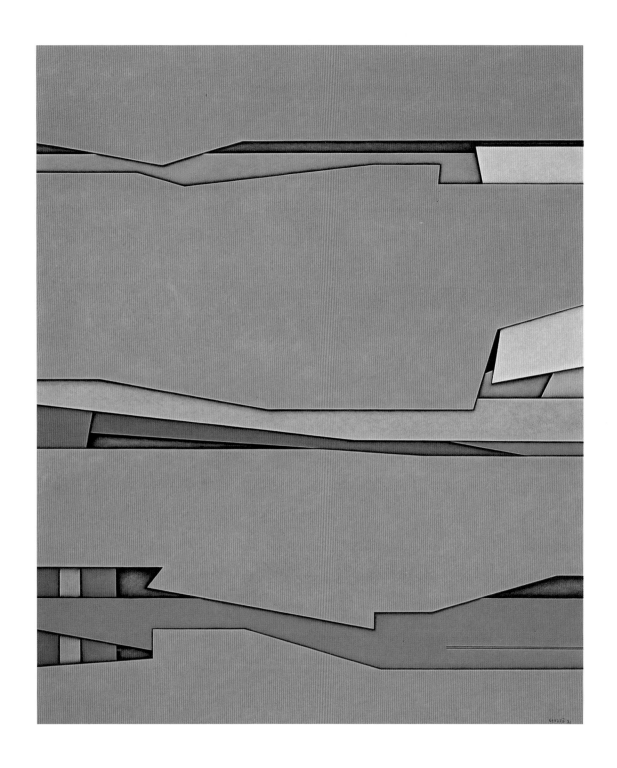

60   **AZUL-NARANJA-VERDE**   1971

61 **AEROPUERTO CHICLERO** 1972

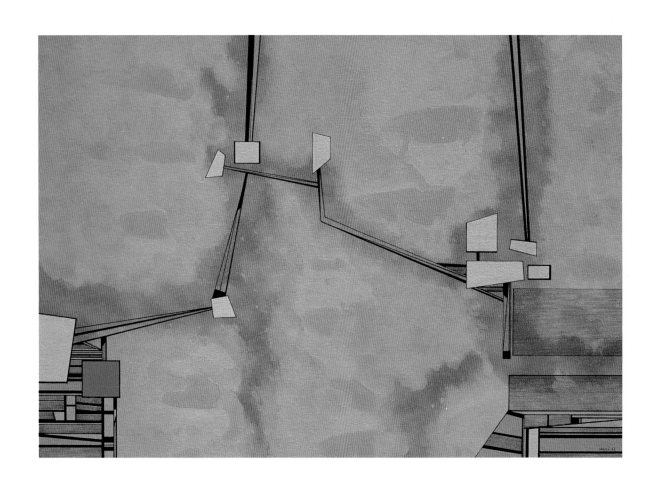

62 **PUENTE UNO** 1972

63   **PUENTE TRES**   1972

64 **NEGRO-ROJO-AZUL-VERDE** 1973

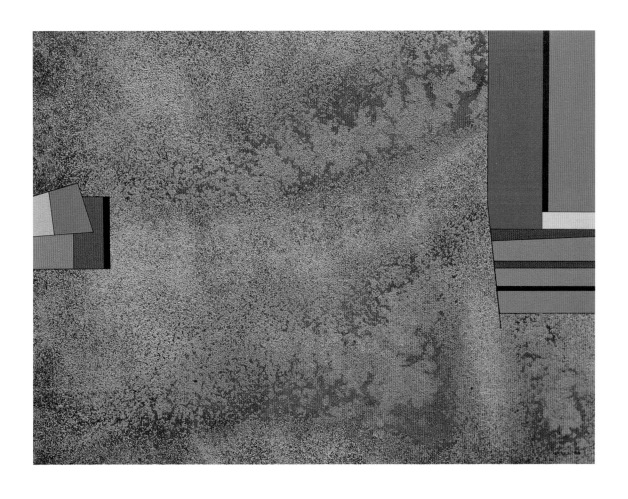

65 **VERDE-ROJO-AMARILLO** 1973

66   **NARANJA-AZUL-VERDE**   1973

67 **JEMEZ** 1974

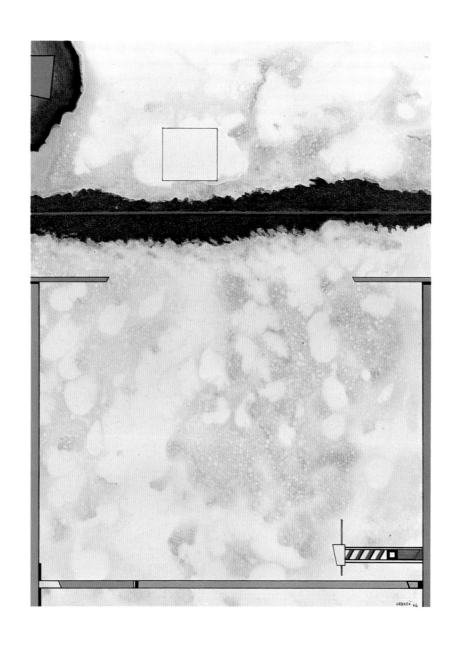

PAISAJE: AZUL-BLANCO-NEGRO 1976

69 **PAISAJE** 1976

70 **VENTANA, ESTUDIO NÚMERO 3** 1976

71 **VERDE-AZUL-NARANJA** 1976

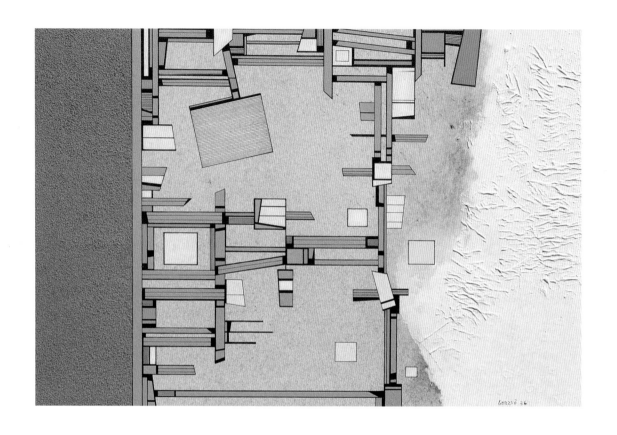

ROJO-AZUL-BLANCO-AMARILLO 1976

73　**LA CASA DEL OTOMÍ**　1977

74 **LA MUJER DE LA JUNGLA** 1977

75 **TORSO**   1978

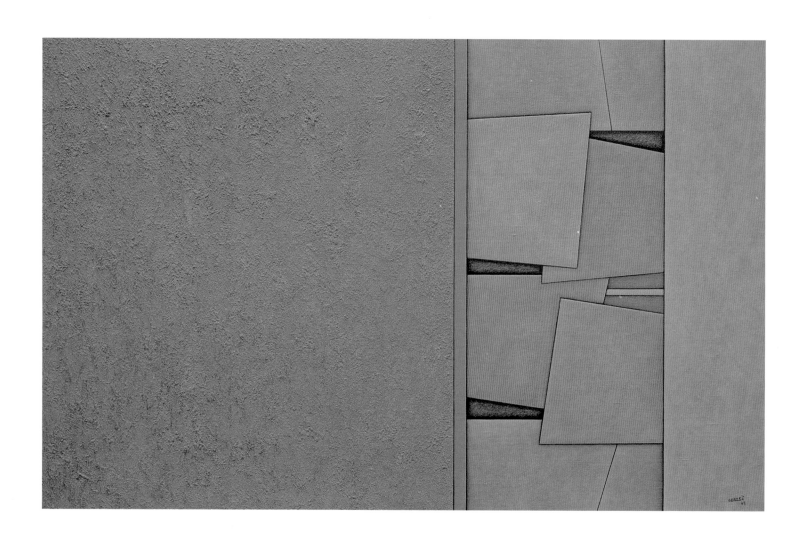

76 **AZUL-NARANJA-VERDE** 1979

77 **TLACUILO** 1979

78   **TORSO**   1979

79 **TORSO** 1979

80 **PAISAJE** 1979

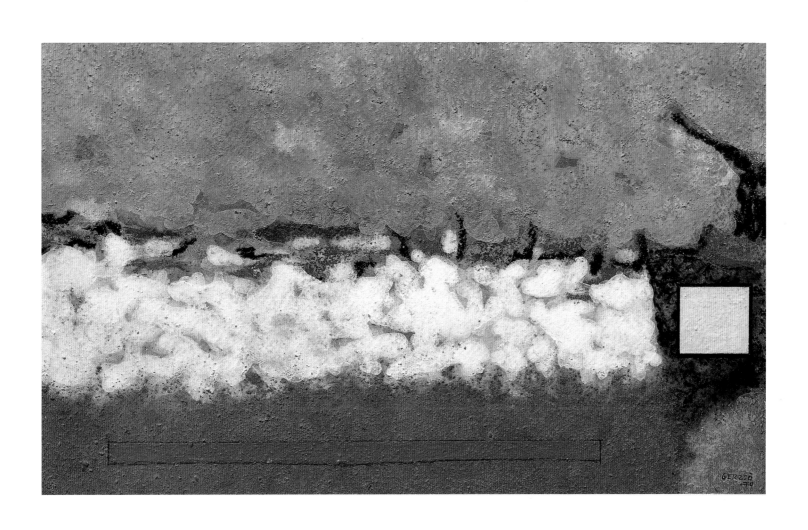

81 **PAISAJE** 1979

82 **PAISAJE** 1979

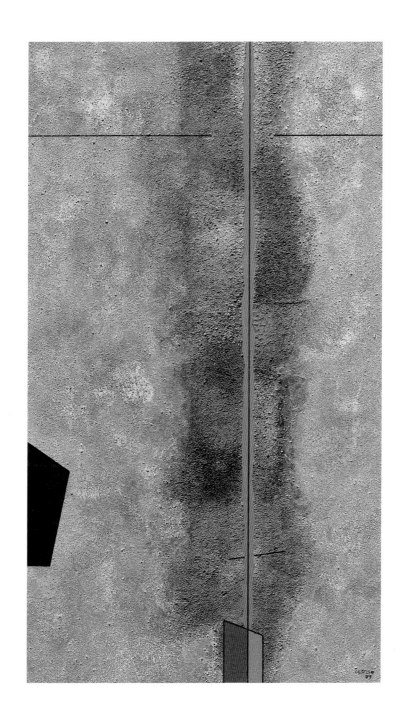

83 **TORSO** 1979

84   **BLANCO-NARANJA-ROJO-VERDE**   1981

85 **PAISAJE: OCRE-BLANCO-VERDE** 1982

86 **PAISAJE: VERDE-AZUL-ROJO** 1984

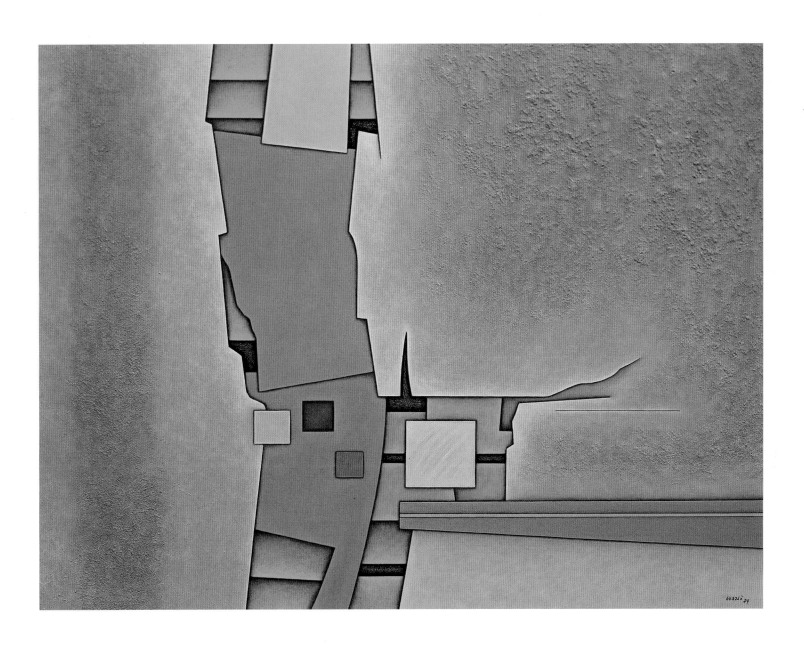

87 **OCRE-VERDE-AZUL** 1984

88   **PERSONAJE AZUL**   1985

89 **CAMPO DUAL** 1985

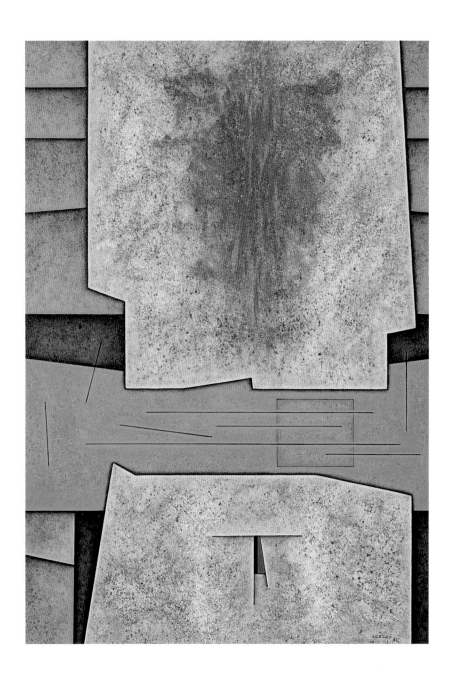

90　**PERSONAJE ARCAICO**　1985

91 **TERRA COGNITA** 1986

92 **UNIVERSO** 1986

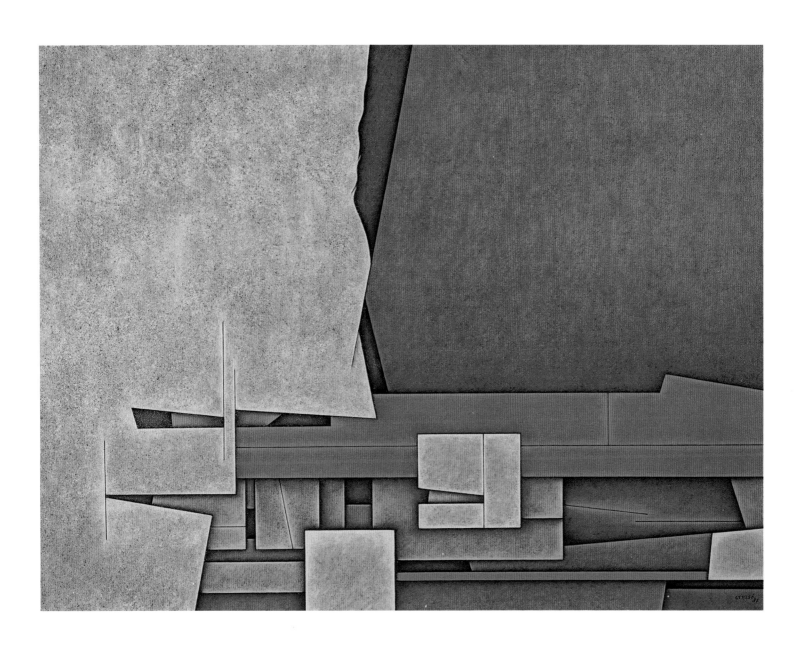

93 **IRRUPCIÓN** 1987

94   **PAISAJE**   1987

95   **PAISAJE ANTIGUO**   1987

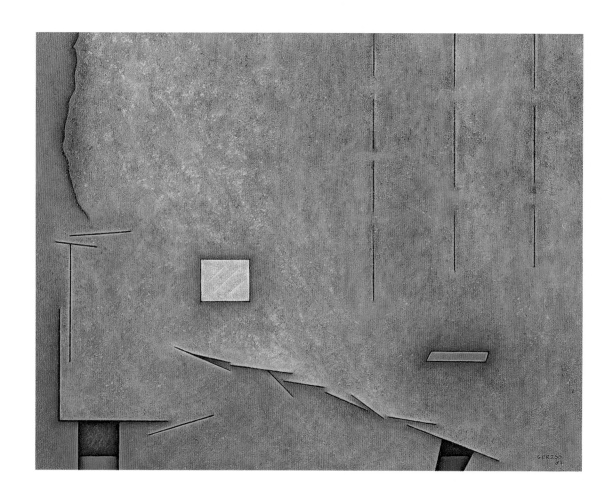

96   **TIERRA CALIENTE**   1987

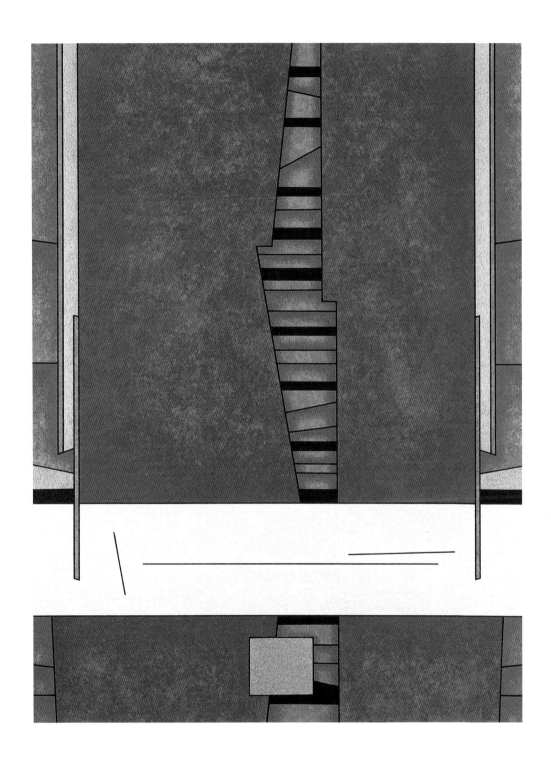

97 **TAL COMO ES** 1987

LA CASA DEL MURCIÉLAGO   1987

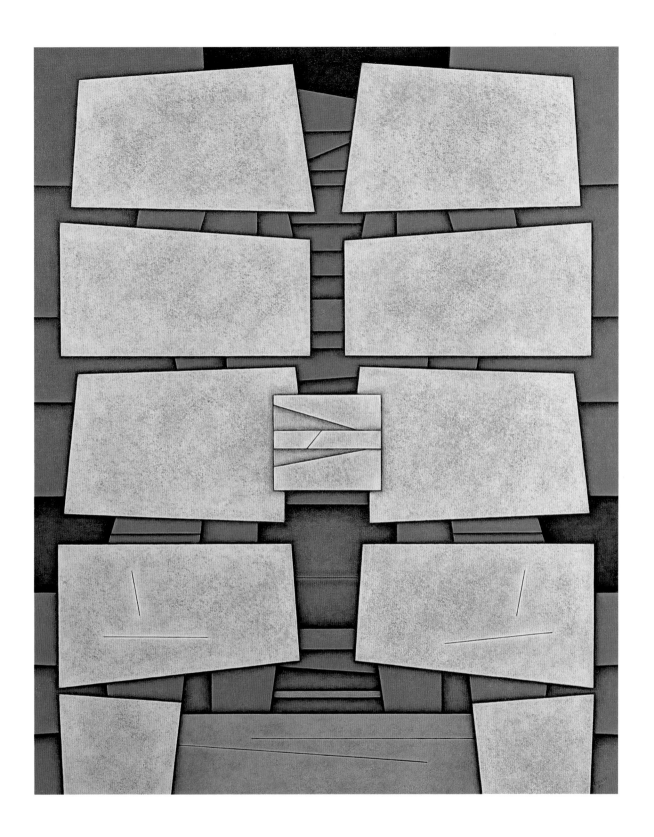

99 **ESPEJO (AUTORRETRATO)** 1988

100 **MITO** 1988

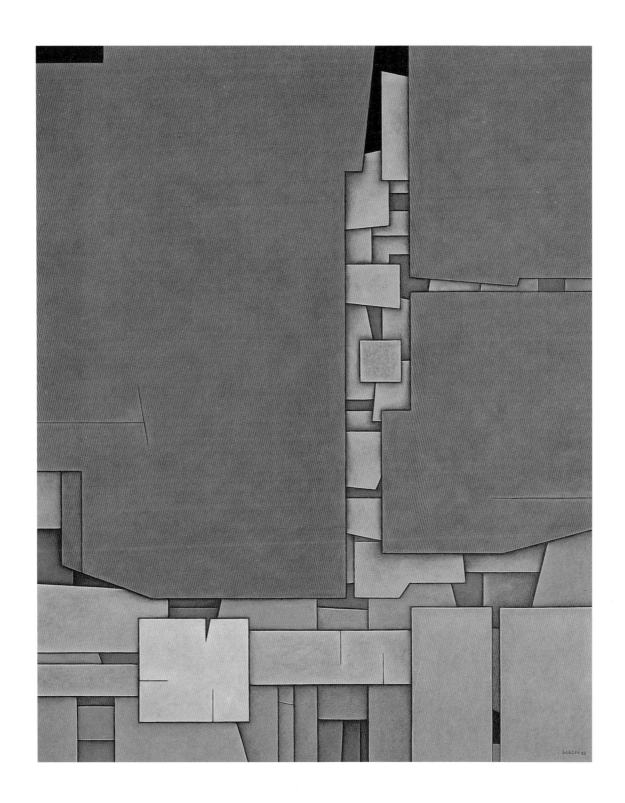

101   **ROJO-VERDE-AZUL**   1968-1988

102　**MURO**　1988

104 **PAISAJE** 1988

105　**PERSONAJE**　1988

106 **MURO BLANCO** 1988

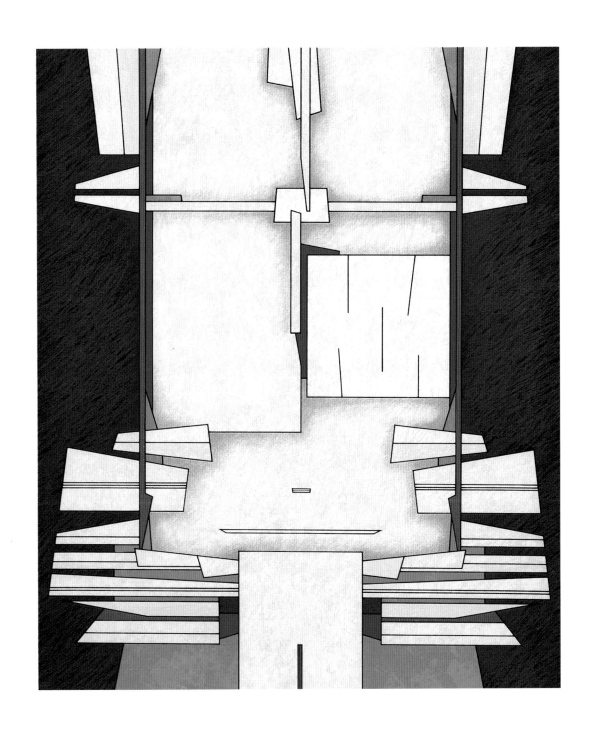

107 **HECHICERA** 1988

108　**YAXCHILÁN**　1988

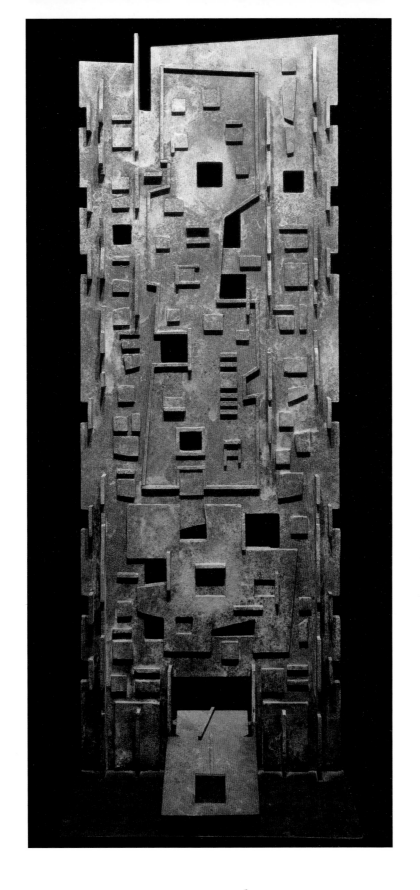

109 **CONSTELACIÓN** 1989

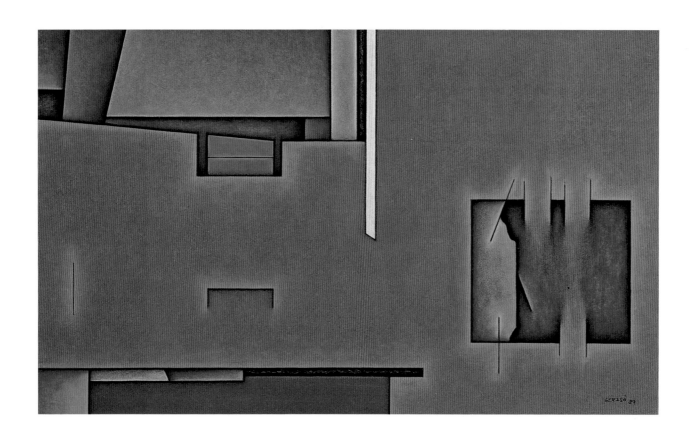

110 **TRÓPICO** 1989

111 **ARCANO III** 1990

112   **NEGRO-BLANCO**   1990

113 **BLANCO-VERDE-AZUL** 1991

114 **TIERRA DE AGUA** 1991

115 **MANANTIAL** 1992

116 **TRÓPICO CALIZO** 1992

117 **PAISAJE SIN TIEMPO** 1993

GERZSO
SOBRE GERZSO

En la pintura, como en todas las artes, uno tiene que dar de sí mismo, y al hacerlo comparte su ser con otros: esto es lo importante. Me interesan los paisajes. Mis cuadros pueden evocar paisajes de México o Grecia, o bien, como es en el caso de mis acrílicos recientes, el paisaje urbano, pero la emoción detrás de ellos sigue siendo la misma. Son mi expresión de una persona que pertenece al presente.

No tengo teorías acerca de cómo pintar un cuadro; con frecuencia me sorprendo ante los comentarios que suscita mi pintura. Mucha gente dice que soy un pintor abstracto. En realidad creo que mis cuadros son muy realistas. Son reales porque expresan con gran precisión quién soy yo esencialmente, y al hacerlo tratan hasta cierto punto de todo el mundo.

La creación permite al artista contener su mundo inconsciente bajo control, y arreglárselas con sus problemas interiores. Por ello el artista debe encontrar una imagen de sí mismo con la cual expresar su emoción. El contenido emocional de mis pinturas es siempre el mismo, y cada cuadro es sólo una variación de esa emoción.

Desde luego que recibo influencias, como cualquier artista. Mis influencias vienen principalmente del cubismo, del surrealismo y el arte precolombino. Empleo las formas de este continente desde tiempos remotos hasta el presente, pero las expreso con medios europeos, como la mayoría de los artistas latinoamericanos lo hacen.

¿Soy un artista latinoamericano? ¿Cuál es mi identidad? Estas preguntas llegan a perturbarme a veces y provocan una especie de crisis en mi forma de pintar y en mí mismo. Pero, desde un punto de vista al menos, considero que las influencias acumuladas, tanto del continente europeo como de éste, han enriquecido mi capacidad de artista; por ende, tratar de clasificar mi obra es totalmente improcedente.

■ Traducción del texto "Gerzso on Gerzso". En *Gunther Gerzso: Paintings and Graphics Reviewed*, The University of Texas at Austin-Michener Galeries, Austin, 1976.

CRONOLOGÍA

1915
Nace en la Ciudad de México el 17 de junio. Hijo de Oscar Gerzso, húngaro nacido en Budapest, y de Dore Wendland, alemana de Berlín. Su padre había emigrado a México durante la última década del siglo XIX.

1916
Muere su padre en la Ciudad de México.

1917
Su madre contrae nuevas nupcias con Ludwig Diener. Una niña, Dore, nace de este matrimonio.

1922-1924
Ludwig, Dore y los niños viajan por Europa.

1924
La familia regresa a México.

1927
Su madre se divorcia y lo envía a Suiza, en donde su tío, el doctor Hans Wendland y su esposa se hacen cargo de su educación.

1927-1931
Vive con sus tíos cerca de Lugano. Estudia en escuelas suizo-alemanas e italo-suizas, luego con un tutor alemán y finalmente se le inscribe en una escuela franco-suiza de Lausana, donde es muy feliz entre chicos de su misma edad. Participa en veladas sociales en casa de sus tíos, donde conoce a destacados historiadores de arte, escritores y artistas, entre otros a Paul Klee. Entra en contacto con Nando Tamberlani, escenógrafo italiano que influye en su

* Se incluyen las exposiciones individuales.

decisión de seguir la carrera de escenógrafo. La depresión económica mundial obliga al doctor Wendland a vender sus bienes. Gerzso se opone a ser enviado a una escuela en Prusia oriental y escribe a su madre para decirle que desea regresar a México.

1931-1933
De vuelta en México vive con su madre y hermana y estudia en el Colegio Alemán. Hace sus primeros dibujos para vestuario y escenografía teatral.

1934
Fernando Wagner, actor, productor y director de teatro, utiliza diseños de Gerzso en el montaje de obras de Molière, Lope de Vega, Shakespeare, etcétera.

1935-1940
Impulsado por Arch Lauterer, profesor del Bennington College de Vermont, estudia en el Cleveland Playhouse. Poco después se convierte en el escenógrafo de dicho teatro y realiza diseños para unas cincuenta y seis obras.

1939
Muere su madre mientras él se encuentra en Cleveland.

1940
Alentado por el pintor Bernard Pfriem, da sus pasos iniciales como pintor autodidacta. Su primera obra, *Dos mujeres*, denota la influencia de obras de Carlos Orozco Romero. El 19 de septiembre se casa con Gene Rilla Cady, californiana y música de profesión.

1941
Regresa a México para dedicarse de lleno a la pintura.

1942
Debido a problemas económicos decide volver a los Estados Unidos. Poco antes de partir, el productor mexicano Francisco de P. Cabrera le ofrece diseñar los decorados de su ver-

sión cinematográfica de la novela *Santa*, de Federico Gamboa.

1943-1963
Diseña la escenografía de unas cincuenta películas, producidas por compañías mexicanas, francesas y estadounidenses; entre otros directores, trabaja con Luis Buñuel, John Ford e Yves Allegret.

1944
Conoce al grupo de surrealistas refugiados en México: Benjamin Péret, Leonora Carrington, Remedios Varo y Wolfgang Paalen. Sus pinturas denotan clara influencia de Yves Tanguy.

1946
Nace Michael, su primer hijo.

1947
Nace su hijo Andrew.

1950
Expone por primera vez, individualmente, en la Galería de Arte Mexicano de Inés Amor, con obras de inspiración surrealista.

1952
Participa en *Contemporary American Paintings*, Universidad de Illinois, Urbana, Ill., y en *Pittsburgh International Exhibition of Contemporary Painting, Carnegie Institute*, Pittsburgh, Penn.

1954
Exposición de su obra en la Galería de Arte Mexicano.

1955
Participa en *The Third International Art Exhibition*, Tokyo Metropolitan Art Museum, Tokio.

1956
Exposición en la Galería de Antonio Souza.

1957
Forma parte de la exposición *Escenografía*

Contemporánea Mexicana que se presenta en el Museo Nacional de Arte.

1958
Exposición en la Galería de Antonio Souza. Participa en la *Primera Bienal Internacional de Pintura y Grabado*, INBA, México; *Salón de Arte Mexicano*, Museo Nacional de Arte Moderno, INBA, México; *Peintures et Sculptures Mexicains*, Musée National Bezalel, Jerusalén, y *Contemporary Mexican Painting*, Fortworth Art Center, Fortworth, Texas.

1959
Viaja a Grecia. A su regreso pinta *Recuerdo de Grecia*, primera de las treinta y seis obras de su llamado "periodo griego".

1960
Participa en *II Anual de Pintura*, Centro Artístico, Barranquilla, Colombia; *El Retrato Mexicano Contemporáneo*, Museo Nacional de Arte Moderno, INBA, México, y *The Sixth Tokyo Biennal*, Tokyo Metropolitan Art Gallery, Tokio.

1961
Fin de su "periodo griego".

196.
La influencia del arte prehispánico reaparece en sus pinturas. Se retira de las actividades cinematográficas.

1963
Exposición retrospectiva (noventa cuadros) en el Instituto Nacional de Bellas Artes, México.

1964
El Museo de Arte Moderno presenta una nueva exposición de sus obras.

1965
Participa en la *VIII Bienal de São Paulo*, Brasil, como representante de México con cuarenta pinturas y en *Mexico Past and Present*, Birmingham Museum of Art, Birmingham, Alabama.

1966-1967
Participa en la exposición itinerante *Arte Latinoamericano desde la Independencia*: Yale University Art Gallery, New Haven, Conn.; University of Texas Art Museum, Austin, Texas; San Francisco Museum of Art, San Francisco; La Jolla Museum of Art, La Jolla, Calif., e INBA, México.

1967
Exposición *Quince Obras de Gunther Gerzso*, Instituto Cultural Mexicano-Israelí, México.

1968
Diseña un gran vitral para el hotel Aristos de la ciudad de México. Participa en el Programa Cultural de la XIX Olimpiada, Galería de Arte Mexicano, México.

1969
Experimenta con un instrumento de dibujo de su hijo Michael y comienza a trazar dibujos completamente distintos a los anteriores. Interviene en el *Salón Independiente 69*. Se exponen obras suyas en *Nuevas Adquisiciones*, Museo de Arte Ponce, Museo de la Universidad de Puerto Rico, San Juan.

1970
Dos exposiciones retrospectivas importantes: *Twenty Years of Gunther Gerzso*, patrocinada por los Amigos del Arte Mexicano en el Phoenix Art Museum, Phoenix, Arizona, y *Gunther Gerzso: Pinturas, Dibujos* en el Museo de Arte Moderno, INBA, México.

1973
Se le otorga la beca Guggenheim.

1974
Es invitado a trabajar en el Tamarind Institute de la Universidad de Nuevo México en Albuquerque, donde realiza cinco litografías, su primera experiencia en el campo del arte gráfico.

1975
Participa en *12 Latin American Artists Today*, exposición presentada por la Universidad de

Texas en Austin en el University of Texas Art Museum, y en *Contemporary Mexican Art*, National Museum of Modern Art, Tokio.

1976
Se presenta *Gunther Gerzso: Paintings and Graphics Reviewed*, University of Texas Art Museum, Austin, Texas.

1977
Gran exposición en el Museo de Arte Moderno, INBA, México.

1978
Se celebra la primera exposición llamada *Sección Anual de Invitados: Tamayo, Mérida, Gerzso*, en el Salón de Artes Plásticas, INBA, México. Diseña su primera escultura para la serie *Arte-Objeto Tane* formada por obras de los artífices de Tane y titulada *Tataniuh*. En diciembre recibe el Premio Nacional de Artes que concede el gobierno mexicano.

1979
Realiza cinco serigrafías para un portafolios editado por Olivetti, y una más para Cartón y Papel de México (Container Corporation of America) impresas por Ediciones Multiarte.

1980
Proyecto para una escultura monumental para la compañía Protexa de Monterrey, N.L.

1981
Por encargo de Gráfica Arvil, hace un portafolios con catorce serigrafías titulado *Del árbol florido*, inspirado en poemas prehispánicos y que recibe el Premio Nacional Juan Pablos al Arte Editorial. Fue expuesto primero en la Ciudad de México en los salones de Gráfica Arvil, luego en ciudades del interior de la república, en algunas de Estados Unidos y en París y Berna. Elabora un proyecto para una escultura en bronce para el grupo Alfa de Monterrey, N.L.

1982

La Sociedad de Ingenieros y Arquitectos de México le encomienda una escultura en plata para el premio anual que otorga dicha Sociedad al arquitecto o ingeniero más sobresaliente del año. Expone en la FIAC (Feria Internacional de Arte Contemporáneo) en París. Exposición de veinticuatro obras presentada en la galería Mary-Anne Martin/Fine Art de Nueva York y la Galería de Arte Mexicano de la Ciudad de México.

1983

Se exhiben obras suyas en *Ten Mexican Artists From The Galería de Arte Mexicano* en la galería Mary-Anne Martin/Fine Art de Nueva York. Se publica en Suiza la monografía *Gerzso*, con ensayos de Octavio Paz y John Golding. *Un Diálogo Plástico en la Ciudad de México*, Sala Ollin Yoliztli, México.

1984

Exposición *Gunther Gerzso*, Galería Mary-Anne Martin/Fine Art de Nueva York.

1986

Exposición *Gunther Gerzso*, Museo de Arte Carrillo Gil, México.

1987-1988

Participa en *Imagen de México. La Aportación de México al Arte del Siglo XX*, Schrin Kunsthalle, Frankfurt; Messenplast, Viena; Dallas Museum of Art, Texas. Y en *El Espíritu Latinoamericano: Arte y Artistas en los Estados Unidos. 1920-1970*, Museo de Arte de El Paso de San Diego, Instituto de Cultura Puertorriqueña; Museo de Arte del Bronx, Nueva York.

1990

Elabora el álbum de diez grabados con poemas de Octavio Paz, *Palabras grabadas*, editado en Limestone Press, San Francisco. Presentación del álbum en la Galería de Arte Mexicano en una exposición de esculturas y óleos del artista. Participa en *Los Privilegios de la Vista*, exposición en honor de Octavio Paz, Centro Cultural/Arte Contemporáneo, México.

1991

Es nombrado Académico Honorario de la Academia de Arquitectura de la Sociedad de Arquitectos de México.

1993

Retrospectiva *Gunther Gerzso. Pintura, Gráfica y Dibujo, 1949-1993*, Museo de Arte Contemporáneo de Oaxaca, Oaxaca.

1994

Muestra retrospectiva 1949-1994 en el Museo Carrillo Gil, México.

Gunther Gerzso
en Oaxaca, 1993.
Fotografía de
Ariel Mendoza

EXPOSICIONES COLECTIVAS*

Annual Exhibition. Cleveland Museum of Art, Cleveland, Ohio, 1939.

La Ciudad de México Interpretada por sus Pintores. Patrocinada por *Excélsior*, México, 1949.

Exposición Permanente. Museu de Arte Moderno do Rio de Janeiro, Río de Janeiro, 1954.

Gulf-Caribbean Art Exhibition. Museum of Fine Arts, Houston, 1956.

The Fourth International Art Exhibition. Tokyo Metropolitan Art Museum, Tokio, 1957.

Contemporary Mexican Paintings. Martin Schweig Gallery, St. Louis, Missouri, 1958.

Mexican Art: Pre-Columbian to Modern Times. University of Michigan, Ann Arbor, Mich., 1958-59.

Pintura Mexicana. Museo de la Ciudad Universitaria, Universidad Nacional Autónoma de México, México, 1959.

El Dibujo Mexicano. INBA, México, 1964.

Contemporary Mexican Artists. Phoenix Art Museum, Phoenix, Arizona, 1965.

Colectiva de Invierno. Galería de Artes Plásticas de la Ciudad de México, Las Pérgolas, México, 1964-65.

Actitudes Plásticas. Galería Universitaria Aristos, UNAM, México, 1965.

Surrealismo y Arte Fantástico en México. Galería Universitaria Aristos, UNAM, México, 1967.

Tendencias del Arte Abstracto en México. Museo Universitario de Ciencias y Arte, UNAM, México, 1967.

Latin American Paintings and Drawings from the Collection of John and Barbara Duncan.

International Exhibition Foundation, Washington, 1971-72.

Looking South: Latin American Art in New York Collections. Center for Inter-American Relations, Nueva York, 1972.

Colección Carrillo Gil. Museo de Arte Moderno, INBA, México, 1972.

Exposición de Diseños para Vestuario de Teatro. Galería Arvil, México, 1973.

Exposición Permanente. Museo de Arte Alvar y Carmen T. de Carrillo Gil, INBA, México, 1974.

Exposición Conmemorativa en Artes Plásticas. UNAM, México, 1974.

Cinco Años de Artes Plásticas en México. Patronato Cultural Infonavit, México, 1975.

Obra Temprana de los Grandes Maestros. Galería Pintura Joven, México, 1976.

Creadores Latinoamericanos Contemporáneos, 1950-1976. Museo de Arte Moderno, INBA, México, 1976.

El Geometrismo Mexicano: Una Tendencia Actual. Museo de Arte Moderno, INBA, México, 1976.

Patronato Pro-Cultura, V Festival Internacional, San Salvador, 1977.

Exhibition of Mexican Art. Canning House, Londres, 1977.

Recent Latin American Drawings 1969-1976: Lines of Vision. International Exhibitions Foundation, Washington, 1977.

FIAC 78. Art Contemporain. Grand Palais, París, 1978.

Obra Gráfica de 29 Artistas. Museo de Bellas Artes de Caracas, Caracas, 1978.

Primer Salón de Obra Gráfica Original. Galería de Arte Mexicano, México, 1979.

Mexique: Peintres Contemporains. Musée Picasso, Antibes, Francia, 1980.

Actualidad Gráfica, Panorama Artístico '78. Cartón y Papel de México, Nueva York, 1981.

Le Mexique d'Hier et d'Aujourd'Hui. Musée du Petit Palais, París, 1981.

Mexican Image. Modern Art in Mexico From The Pitties to The Present. Rossi Gallery, Morristown, Nueva Jersey, 1982.

Pintado en México. Banco Exterior de España,

Madrid y Barcelona, 1983.

Modern Mexican Masters. Mixografía Gallery, Los Ángeles, 1983.

Art Mexico-México Arte. The Free Art Center and Gallery, Hope College, Holland, Michigan, 1984.

40 Artists of the Americas. Graphic Art from Latin America. International Development Bank Staff Association Art Gallery, Washington, 1984.

Carpeta de Obra Gráfica. Galería de Arte Mexicano, México, 1985.

Surrealismo en México. Museo Nacional de México, 1986.

31 Latin American Artists. Works on Paper. Museo de la Organización de los Estados Americanos, Washington; Frederick, Maryland, 1987.

18 Contemporary Mexican Artists. Kimberly Gallery of Art, Washington, 1987.

The Woman and Surrealism. Musée Cantonal des Beaux Arts, Lausana, 1988.

México Nueve. Litografías, Museo de Arte Moderno, México, 1988.

31 Latin American Artists. Works on Paper. Museum of Modern Art of Los Angeles, Los Ángeles, 1988.

Contemporary Latin Mexican Art. Kimberly Gallery of Art, Washington, 1988.

Tradition and Innovation: Painting, Architecture and Music in Brazil, Mexico and Venezuela Between 1950 and 1980. Museum of the Americas, Washington, 1991.

22 Pintores Mexicanos Saludan a Israel. Galería Alberto Misrachi, México, 1992.

Doce Maestros Latinoamericanos. Galería López Quiroga, México, 1992.

La Colección de Pintura Mexicana de Jacques y Natalia Gelman. Centro Cultural/Arte Contemporáneo, México, 1992.

Pintores de México del Siglo XX. Colección Museo de Arte Moderno, México. Banco de la República, Biblioteca Luis Ángel Arango, Bogotá, 1994.

162

* No mencionadas en la cronología.

BIBLIOGRAFÍA

Bayón, Damian, *Aventura plástica de Hispanoamérica: Pintura, cinetismo, artes de la acción, 1940-1972*, Fondo de Cultura Económica, México, 1974.

——, *Lateinamerikanische Kunst der Gegenwart*, Frölich & Kaufmann, Berlín, 1982.

Cardoza y Aragón, Luis, *México: pintura de hoy*, Fondo de Cultura Económica, México, 1964.

——, *Gunther Gerzso*, UNAM, México, 1972. Colección de arte 22.

——, *Pintura contemporánea de México*, Era, México, 1974.

——, "Gunther Gerzso", en *Gerzso, Mérida, Tamayo* [catálogo], INBA, México, 1979.

——, *Ojo/voz. Gunther Gerzso, Ricardo Martínez, Luis García Guerrero, Vicente Rojo y Francisco Toledo*, Era, México, 1988.

Catlin, Stanton L. y Terence Grieder, en *Art of Latin America Since Independence* [catálogo], Yale University Art Museum y University of Texas Art Museum, New Haven y Austin, 1966.

Duncan, Barbara, "Behind the Artist's Walls", en *Gunther Gerzso: Paintings and Graphics Reviewed* [catálogo], University of Texas at Austin-Michener Galleries, Austin, 1976.

Eder, Rita, "El esplendor de la superficie", *XV Coloquio Internacional de Historia del Arte*, Instituto de Investigaciones Estéticas, UNAM, México, 1994.

Gerzso, Gunther, "Gerzso on Gerzso", en *Gunther Gerzso: Paintings and Graphics Reviewed* [catálogo], The University of Texas at Austin-Michener Galleries, Austin, 1976.

Golding, John, "Gunther Gerzso: paisaje de la conciencia", en Octavio Paz y John Golding, *Gerzso*, Éditions du Griffon, Neuchâtel, Suiza, 1983, pp. 21-26.

Goodall, Donald, prefacio a *Gunther Gerzso: Paintings and Graphics Reviewed* [catálogo], The University of Texas at Austin-Michener Galleries, Austin, 1976.

Manrique, Jorge Alberto, "Os geometristas mexicanos", en Roberto Pontual (coord.), *América-latina geometria sensível*, Edições Jornal do Brasil/GBM, Río de Janeiro, 1978.

Medina, Cuauhtémoc, "Los abismos de Gunther Gerzso", en *Gunther Gerzso: Pintura, gráfica y dibujo, 1949-1993* [catálogo], Museo de Arte Contemporáneo de Oaxaca, Oaxaca, 1993; Museo de Arte Carrillo Gil, México, 1994.

Moyssen, Xavier, "Los Mayores: Mérida, Gerzso, Goeritz", en *El geometrismo mexicano*, Instituto de Investigaciones Estéticas, UNAM, México, 1977.

Neuvillate, Alfonso de, *México: arte moderno*, Ediciones Galería de Arte Misrachi, México, 1976.

O'Gorman, Edmundo, Justino Fernández et al., *Cuarenta siglos de plástica mexicana*, Herrero, México, 1971.

Paalen, Wolfgang, Prefacio a *Gunther Gerzso* [catálogo], Galería de Arte Mexicano, México, 1950.

Paz, Octavio, *El signo y el garabato*, Joaquín Mortiz, México, 1973.

——, "La centella glacial", en Octavio Paz y John Golding, *Gerzso*, Éditions du Griffon, Neuchâtel, Suiza, 1983, pp. 5-7.

Rodríguez Prampolini, Ida, *El surrealismo y el arte fantástico de México*, Instituto de Investigaciones Estéticas, UNAM, México, 1969.

Seuphor, Michel, *Dictionary of Abstract Paintings, With a History of Abstract Painting*, Tudor, Nueva York, 1957.

—— y Michel Ragon, *L'art abstrait*, vol. 4, Maeght Éditeur, París, 1974.

Tibol, Raquel, *Historia general del arte en México*, vol. III: *Época moderna y contemporánea*, Hermes, México, 1964.

Traba, Marta, *La zona del silencio: Ricardo Martínez, Gunther Gerzso, Luis García Guerrero*. Fondo de Cultura Económica, México, 1975.

HEMEROGRAFÍA

Abelleyra, Angélica, "La adolescencia, única vez en mi vida que tuve entrenamiento artístico: Gerzso" (I), *La Jornada*, 10 de agosto de 1993, p. 37.

——, "Gerzso: Los críticos siempre están atrasados medio siglo" (II), *La Jornada*, 11 de agosto de 1993, p. 26.

——, "Cuando se encuentra el estilo disminuye la libertad: Gerzso" (III), *La Jornada*, 12 de agosto de 1993, p. 29.

Acha, Juan, "La estratificación pictórica de Gunther Gerzso", *Plural*, vol. III, n. 10, julio de 1974, pp. 28-33.

ANSA, "Los videoastas, en busca de espacios y consolidación", *La Jornada*, 10 de agosto de 1993, p. 38.

Ashton, Dore, "Comentarios sobre la exposición *Plural* en Austin", *Plural*, diciembre de 1975, p. 81.

——, "La pintura de Gunther Gerzso", *Vuelta* n. 92, julio de 1984.

Biro, Ilona, "The Many Lives of Gunther Gerzso", *Sunday Review*, Suplemento de *The News*, 28 de febrero de 1993.

Canaday, John, "Mexican Modernism", *The New York Times*, Nueva York, 25 de abril de 1965.

Cardoza y Aragón, Luis, "Riqueza y sencillez de Gunther Gerzso", *Siempre!*, 1 de abril de 1970, pp. V-VII.

——, "Artes plásticas: la obra más reciente de Gerzso", *El Día*, 6 de abril de 1970, p. 12.

——, "La pintura de Gunther Gerzso", *Plural* n. 1, octubre de 1971, pp. 31-33.

——, "Gunther Gerzso", *Siempre!*, 3 de enero de 1979, p. VIII.

Carrasco, Lucía, "Retrospectiva de Gunther Gerzso en el Carrillo Gil. 'Yo soy más bien

163

un señor triste'", *Reforma*, 3 de febrero de 1994, p. 9-D.

Césarman, Esther M., "Gunther Gerzso", *El Financiero*, 12 de febrero de 1994, p. 35.

Covantes, Hugo, "El geometrismo en busca de México", *La Onda*, 23 de abril de 1978.

Crespo de la Serna, Jorge Juan, "Las ideas y las formas: Gerzso, mago alquimista", *Excélsior*, 14 de mayo de 1950, 3a. secc., p. 9.

Da Silva, Quirino, "O Mexico na VIII Bienal", *Diario da Noite*, São Paulo, 30 de agosto de 1965.

Díaz, Fernando M., "En el Carrillo Gil. Retrospectiva de Gunther Gerzso", *Ovaciones*, 3 de febrero de 1994, p. 3-A.

Dujovne Ortiz, Alicia, "La oleada azteca en París: signo de Rulfo y exposiciones de Zapata y Gerzso", *Excélsior*, 29 de diciembre de 1981, p. 1-F.

Espíndola Hernández, Jorge, "La pintura es ternura y masoquismo positivo: Gunther Gerzso", *Unomásuno*, 3 de febrero de 1994, p. 9.

Fernández, Justino, "Pintura actual: México", *Artes de México*, 1966.

Flores Castro, Mariano, "El 8 y el 0. Las artes plásticas en México en 1980", *Sábado*, Suplemento de *Unomásuno*, 3 de enero de 1981, p. 13.

Flores Martínez, Óscar, "La obra de Gunther Gerzso en 44 años de trabajo, en el Museo Carrillo Gil", *Cine Mundial*, 14 de febrero de 1994, p. 13-E.

Folch, Mireya, "La expresión de lo irracional: Gerzso", *El Sol de México*, 6 de septiembre de 1977, pp. 1, 4.

Foppa, Alaíde, "Los tres grandes modernos", *La Onda*, Suplemento de *Novedades*, 23 de abril de 1978.

Fusoni, Ana, "Gunther Gerzso: un pintor intelectual", *Novedades*, 28 de marzo de 1971.

Gallardo Esparza, Luis Francisco, "Pintar: Gunther Gerzso", *Macrópolis*, 23 de febrero de 1994, p. 83.

García Ascot, José Miguel, "Art Today in Mexico", *The Texas Quarterly*, vol. II, n. 1,

Austin, primavera de 1959, pp. 169-70 y láms. 45-48.

González Correa, Carlos, "Gunther Gerzso, Premio Nacional de Arte", *Novedades*, 14 de diciembre de 1978, pp. 1, 12-A.

Grimberg, Salomon, "Putting Art on the Couch", *Vision*, Dallas, noviembre de 1981, p. 10.

Gual, Enrique F., "Pictóricas: una realidad ideal", *Excélsior*, 14 de abril de 1970.

Herrera, Mario, "La obra de Cunther Gerzso", *El Norte*, 3 de abril de 1981, p. 6-D.

Herrera González, Andrea, "Gunther Gerzso y su pintura, gráfica y dibujo, de 1949-1993", *Novedades*, 4 de febrero de 1994, p. 1-C.

Huffschmid, Anne, "Soy un europeo con ojos mexicanos; un *voyeur*, dice Gunther Gerzso", *La Jornada*, 2 de febrero de 1994, p. 25.

Joysmith, Toby, "Gallery Goer: Precise Beauty on Show", *The News*, 25 de septiembre de 1977, p. 12.

——, "Gallery Goer: A Salute to Euclid", *The News*, 31 de diciembre de 1977, p. 14.

——, "Gallery Goer: Echoes of a Heroic Past", *The News*, 23 de abril de 1978, p. 14.

——, "Gallery Goer: Rich Fare at the Museum of Modern Art", *The News*, 2 de diciembre de 1979, p. 18.

——, "Gallery Goer: The Carrillo Gil Museum", *The News*, 24 de febrero de 1980, p. 18.

——, "Gallery Goer: The White Russian Artist", *The News*, 8 de febrero de 1981, p. 19.

Kartofel, Graciela, "Gunther Gerzso. Una conversación que vale la pena leer; una pintura que vale la pena ver", *Vogue*, 1987, pp. 186-88.

Mac Masters, Merry, " . . .Y no quería ser pintor. Ya encontré mi mundo: Gerzso", *El Nacional*, 1 de febrero de 1994, p. 9-C.

Manrique, Jorge Alberto, "Doce artistas latinoamericanos de hoy", *Plural*, diciembre de 1975, pp. 81-82.

María Idalia, "Lecciones de mirada que ve. La obra artística de Gerzso", *Excélsior*, 28 de mayo de 1990, pp. 1, 3-B.

McIntyre, Mary, "Surveying the Latin Touch in Art at the University of Texas", *The Austin American Statesman*, Austin, 11 de abril de 1976.

Medina, Margaret, "Art", *El Universal*, 18 de septiembre de 1963.

Millán, Josefina, "Gunther Gerzso y la misión del artista", *Diorama de la Cultura*, Suplemento de *Excélsior*, 16 de diciembre de 1973, pp. 12-13.

——, "Gerzso: hay que redescubrir la emoción", *Proceso*, 17 de julio de 1978, pp. 56-57.

Moncada, Adriana, "Hoy en día el artista parece no tener un papel específico en su relación con la sociedad: Gerzso", *Unomásuno*, 29 de enero de 1994, p. 25-C.

——, "Lo que más influye mis obras es lo que veo, soy un apasionado de la observación: Gunther Gerzso", *Unomásuno*, 30 de enero de 1994, p. 25.

Morales de Villafranca, Leonor, "Gunther Gerzso. La perfección de la forma", *Mañana*, 25 de abril de 1970.

N.C., "Asteriscos: Tres exposiciones en el Carrillo Gil", *El Semanario*, Suplemento de *Novedades*, 6 de febrero de 1994, p. 8.

Neuvillate, Alfonso de, "Gunther Gerzso: lo perfecto del orden", Suplemento de *El Heraldo*, 18 de enero de 1970, pp. 8-9.

——, "Gunther Gerzso: el orden dentro del orden", *Comercio*, junio de 1975, pp. 16-20.

——, "La obra de los grandes maestros", *Novedades*, 19 de febrero de 1976.

Ortiz Macedo, Luis, "Nuestra pintura: Gunther Gerzso", *El Búho*, Suplemento dominical de *Excélsior*, 31 de enero de 1988, p. 3.

Pacheco, Cristina, "Los tres mundos del arte según Gunther Gerzso", *Siempre!*, 16 de enero de 1985, pp. 32-34.

Palencia, Ceferino, "Las ciudades imaginarias de Gunther Gerzso", *Novedades*, 14 de mayo de 1950.

Paz, Octavio, "El precio y la significación",

Siempre!, 30 de noviembre de 1966, p. VI.
———, "Gerzso: la centella glacial", *Plural*, octubre de 1972.

Pineda, Cristina, "Cuando lo emocional predomina sobre la técnica, es cuando se crea: Gerzso", *El Universal Gráfico*, 3 de febrero de 1994, p. 12.

Sannabend, Sulamith, "Gunther Gerzso: el hombre y su obra", *El Nacional*, 13 de abril de 1973.

Sauré, Wolfgang, "Vorschau auf die FIAC", *Weltkunst*, octubre de 1978.

Segundo González, J. Miguel, "Habla Gunther Gerzso, Premio Nacional de Bellas Artes: La comercialización desgasta al pintor joven", *El Nacional*, 9 de diciembre de 1978, p. 17.

Seldis, Henry J., "Art: Politics of the Palette in Mexico City", *Los Angeles Times*, Los Ángeles, 17 de marzo de 1974.

Shown, John, "Rediscover the Familiar in the Abstract Art of Gunther Gerzso", *The News*, 17 de junio de 1990, p. 24.

Tanasescu, Horia, "Gunther Gerzso", *Arquitectura México* n. 7, septiembre de 1960, pp. 171-73.

———, "Un gran pintor: Gunther Gerzso", *Viajes 59*, otoño de 1973, pp. 17-24 y portada.

Tibol, Raquel, "Inconfundible lenguaje visual de Gunther Gerzso", *Excélsior*, Revista Dominical, 15 de marzo de 1970.

Urrutia, Elena, "Gerzso, su pasión por el arte precolombino y confluencias que le unen a Tamayo y Mérida", *Unomásuno*, 23 de marzo de 1978, p. 13.

Vacio, Minerva, "Mestizaje en la pintura. Cinco décadas de Gunther Gerzso en el Museo Carrillo Gil", *El Financiero*, 5 de febrero de 1994, p. 37.

Valdés, Carlos, "¿Hay tres nuevos grandes en la pintura mexicana? ¿Son Tamayo, Mérida y Gerzso?", *Sábado*, Suplemento de *Unomásuno*, 1 de julio de 1978, pp. 8-11.

Vallarino, Roberto, "Tamayo, Mérida y Gerzso: tres grandes de la plástica mexicana", *Sábado*, Suplemento de *Unomásuno*, 22 de abril de 1978, pp. 7-9.

Velázquez Yebra, Patricia, "Gunther Gerzso: mi pintura tiene siempre la misma carga emocional", *El Universal*, 4 de febrero de 1994, p. 1-C.

Westheim, Paul, "Gunther Gerzso", *Novedades*, 8 de abril de 1956.

Xirau, Ramón, "Exposiciones: Gunther Gerzso", *Diálogos*, vol. III, n. 2, mayo-junio de 1967, p. 22.

———, "Cardoza y Aragón", *Excélsior*, 19 de enero de 1976, p. 3.

———, "Gunther Gerzso", *Arquitecto*, junio de 1977, pp. 30-40.

Young, Howard T., "Mexican Upheaval", *The New York Times Book Review*, Suplemento de *The New York Times*, 31 de mayo de 1959, p. 21.

Zanink, Ivo, "Artes plásticas: Gerzso", *Folha de São Paulo*, São Paulo, 25 de agosto de 1965.

ARTÍCULOS ANÓNIMOS

"Abstrakte Malerei in Mexiko: Gunther Gerzso", *Das Kunstwerk*, Baden-Baden, febrero de 1958, pp. 28-33.

"Pintura mexicana y norteamericana", *Diálogos*, julio-agosto de 1965.

"Duas tendencias representação a arte mexicana", *O Estado de São Paulo*, São Paulo, 30 de agosto de 1965.

"Monumental vitral de Gerzso será colocado en el Aristos", *Excélsior*, 24 de mayo de 1968, p. 16-A.

"La vida cultural en el INBA. Artes Plásticas: Gunther Gerzso", *Revista de Bellas Artes* n. 32, mayo-junio de 1970, p. 99.

"Gunther Gerzso y Wolfgang Paalen en la Colección Carrillo Gil", *Excélsior*, 1 de octubre de 1972.

"La Ve FIAC au Grand Palais", *Connaissance des Arts*, París, octubre de 1978.

"Creo que en países como México está la solución del futuro, dice Gunther Gerzso", *Unomásuno*, 7 de diciembre de 1978.

"Gunther Gerzso: mi obra no es abstracta", *Excélsior*, sección "La Cultura al Día", 4 de febrero de 1985, p. 3.

"Las paredes hablan. El surrealismo del pintor mexicano Gunther Gerzso", *Médico Interamericano*, Dallas, febrero de 1985.

"Gunther Gerzso: la demanda hacia mi obra no me impulsa a crear más", *El Financiero*, 14 de junio de 1990, p. 86.

"Camaleón de Gunther Gerzso: entre el cine y la pintura. Imágenes geométricas y recuerdos surrealistas de una época de oro", *Época*, 28 de junio de 1993.

"77 obras en el Museo Carrillo Gil. Retrospectiva de Gunther Gerzso el 2", *Excélsior*, 27 de enero de 1994, p. 1-C.

"No soy un pintor abstracto, mis cuadros son realistas: Gunther Gerzso", *El Sol de México*, 30 de enero de 1994, p. 4-D.

"Los Días Contados: hoy se inaugura. Mundo geometrizante de Gunther Gerzso", *El Financiero*, 2 de febrero de 1994, p. 6.

"Su obra, gestada en una etapa de renovación y nuevas propuestas. Gerzso contribuye a la transición del arte mexicano: Tovar", *Excélsior*, 4 de febrero de 1994, p. 4-C.

"Sombras y luces", *La Jornada*, 4 de febrero de 1994, p. 27.

■ Salvo indicación en contrario, las publicaciones son de la Ciudad de México.

WOLFGANG PAALEN
■ GUNTHER GERZSO

> Porque somos como troncos de árboles que yacen tranquilamente sobre la nieve y a los cuales, en apariencia, bastaría un ligero empujón para hacerlos rodar. Sin embargo, eso no es posible, porque están firmemente clavados en el suelo. Pero aún eso no es más que apariencia.
>
> Franz Kafka

La reciente obra de Gunther Gerzso me hace pensar en Kafka en cuanto a cierto matiz de ánimo y a una calidad de prosa que no describe sino circunscribe situaciones más bien que los lugares donde se realizan las cosas.

He aquí *La ciudad perdida* (como el pintor titula una de sus obras más sorprendentes): no se nombra allí ni se describe ninguna ciudad; pero sabe uno inmediatamente que aquí es donde tenía que estar, que aquí podría volver a aparecer. Sin embargo, nos hallamos en una luz de crepúsculo, nadie sabría decir si aún no se han encendido las lámparas o si ya han palidecido con el amanecer. Pero además se siente uno inseguro: quizás esta ciudad no se hizo para ser iluminada. Pues las ventanas miran para dentro y no están hechas de vidrio sino más bien de facetas de cristales ciegos: transparentes de vez en cuando, pero casi siempre opacados por el pensamiento, reflejando en sí mismos el resplandor mate de las ágatas. Al pintor no le interesan los planos arquitectónicos, sino el crecimiento orgánico. Aquí no existe diferencia ilusoria entre materia y espíritu. Las grietas y hendeduras son tan sustanciales como las estructuras mismas, siendo sólo cuestión de sentir si los oscuros cuadrados son agujeros o sombras. Estos paisajes no se han hecho para ser hollados por los pies. El ojo puede vagar sin fin aquí por laberintos cuya fuerza de encantamiento está en el hecho de que son cuadrados que se deshacen en terrazas de distintos niveles.

Las reservas de una mente alerta se desarrollan lentamente, y no es extemporáneo requerir una cierta paciencia de tipo mineral en un país donde grandes escultores del pasado emplearon su vida entera en pulir jades, obsidianas y cristales.

Gunther Gerzso ha pasado la mayor parte de su vida en México, donde nació hace treinta y cinco años. Nunca asistió a ninguna escuela de arte, sino alcanzó su sorprendente técnica plástica en diez años de solitaria labor. Como cualquier pintor importante de hoy en día, trasmuta las fuentes inmediatas de su inspiración a un verdadero lenguaje internacional; para él el medio mexicano no es un pretexto para un pintoresquismo fácil, sino una fusión de glorias antiguas y nuevas promesas. Los títulos de sus obras no son etiquetas sino claves secretas; cuando a alguna de sus pinturas llama *Estela* o *La torre de los astrónomos*, la presencia sin tiempo de los monumentos mayas no es simplemente recordada, sino que queda claramente proyectada con una imagen de visionario.

Puede parecer extraño hablar de los monumentos mayas y de Kafka en una misma evocación; sin embargo las insondables antecámaras de los castillos del escritor, las murallas de su China imaginaria, pueden reconocerse en las terrazas ascendentes, en las bóvedas infinitas y en las pirámides del México precortesiano. En la eternidad no se miden las distancias y los hombres solitarios, en su ruta de la ciudad perdida hacia la ciudad posible, han aprendido que lo más cercano es también lo más lejano. Para ellos los antiguos jeroglíficos que no se pueden ya descifrar y aquellos que aún no se han podido leer son igualmente significativos.

Pero en una época de constante confusión entre lo que es grande y lo que es colosal, lo fuerte y lo llamativo, entre el conocimiento y la sabiduría —¿quién querrá escuchar la voz de calladas virtudes?

Sin embargo, de todas las cosas, el arte es el más indicado para proporcionarnos un equivalente de lo que en el Este se denomina meditación; y no hay nada que necesitemos con más urgencia. Casi está uno tentado de hablar del valor revolucionario del silencio en un momento en que los artistas dondequiera se convierten en escapistas ruidosos que se engañan a sí mismos en el triple circo de la política, la megalomanía y la falsa religión.

A veces parece que la batalla del arte moderno tenga que volverse a librar, o que acaso está apenas comenzando. Las marejadas de confusión han borrado los promontorios de claro horizonte y mucha hiedra estética ha invadido las limpias líneas, haciéndolas confusas. Será preciso tener más fe y una disciplina más rigurosa, cuando se trate no ya de impresionar, sino de convencer.

Gerzso ha escogido el camino difícil. El camino cuya meta ha de ser redescubierta a cada vuelta, donde la ciudad prometida puede convertirse en espejismo y el espejismo en una trampa. Pero, cuando el viajero no sabe ya si es preferible quemar o seguir llevando su lastre de imágenes, entonces vendrá alguien y le dirá: ecce pintor.

■ Prefacio a *Gunther Gerzso* [catálogo], Galería de Arte Mexicano, México, 1950.

LUIS CARDOZA Y ARAGÓN
▪ GUNTHER GERZSO

A Gerzso le apasionó una imagen de la realidad con estilo diferente de sus coetáneos mexicanos. Su planteamiento, distante de lo que se pintaba en México, fue tan radical que su resultado es totalmente de otra índole. La pintura en sí misma es su propio contenido. Un arte de relaciones y proporciones puras, basado en ritmos dinámicos. No deseó representar ningún antecedente directo de la pintura, del mundo de la experiencia objetiva. Sino pintar estructuras mentales, sonoras de reflejos recíprocos, ejerciendo influjo sobre el sentimiento y la inteligencia, comunicando una vivencia hecha visible, hecha real.

Lo que primero atrae en Gerzso es el color: un color limpio, muy matizado, fecundo en resonancia, que canta con luz igual. La composición, después, rica de ingenio, en la que se va penetrando más y más, sintiendo sus motivaciones tan firmes de gracia y veracidad que es inagotable su efecto. El cuadro no se refiere sólo a sí mismo. Vale por sí, vive existencia propia y es, igualmente, manantial de sugerencias.

Por cuestiones de trabajo, durante varios años, Gerzso viajó detenidamente por México y se impregnó de paisajes. Parte de su obra se genera con tales impresiones que, transpuestas, producen la abstracción de un mundo de luz y movimiento, de infinitos matices, de impulsos afectivos y orgías botánicas. En Gerzso no todo proviene de la reflexión y su cultura visual. Proviene, asimismo, de la réplica, sensible y personalísima, que le dicta el mundo físico.

El estilo con que inventa este mundo sensible, del cual aprieta los cristales y destila las esencias, por la exactitud y la calidad de los múltiples acordes cromáticos y ordenamientos formales, le confiere su sitio en la pintura de nuestros días. En México su obra es señera y única.

Posiblemente, se sintió incómodo frente a la innumerable bifurcación de lo real. Después, en su pintura fundada con medios abstraccionistas, sólo se revela la voluntad de sus intentos de reducción a lo absoluto. Y digo intentos porque haga lo que haga un pintor para representar una totalidad, siempre representa algo parcial, y ese algo es parte de la realidad.

La forma posee intrínseca trascendencia ajena a lo representado. De tal cualidad conmovedora, elocuente y comunicante, procede el valor de la pintura abstracta o figurativa. A la postre, el problema de ambas es el mismo. Profundizamos en una pintura abstraccionista: se erige como un hecho en sí, sin ligas con cualquier semejanza, presente y efectivo, queriendo ser lo que es: un orden que asombra por su animación, su equilibrio y su vida.

La mayor parte de la obra de Gerzso está pintada con tenues capas de pigmentos, veladuras delicadísimas dueñas de una tonalidad que le pertenece. Emplea, con frecuencia, colores vecinos, como azules y verdes, naranjas y rojos y, también, contrastes complejos. Cuando desarrolla la serie que llamó de Yucatán, admirable como la serie de Grecia, el espesor de la materia suele aumentarlo por necesidad de la expresión. Estos conjuntos son muy abiertos, al espectador competente y aun al público muy amplio porque, si bien no figurativos, suscitan impresiones evocables y como previsibles. Más que recuerdos son sentimientos, estados de conciencia, visiones concretadas. La maestría táctil (la descubro otra vez en la serie griega) se vincula a cómo fijar lo aprehendido e inventado de nuevo.

He sentido lo vegetal de Yucatán, a veces con vagas reminiscencias de muy esquemáticos pretextos arquitectónicos precolombinos, así como experimenté en la serie sobre Grecia su tenaz claridad devorante, con vida espiritual ardiente y propia. Toda sensación de color, de la tierra caliza, de la luz cruel de un sol de mármol, de la espléndida flora, alientan como pintura, menos el medio literal. Viviendo siempre el placer angustioso de crear, recogió y pintó lo que deseó pintar. Le dio forma a sus evocaciones y fabulaciones. A su emoción trascendida.

Las aspiraciones expuestas por Theo van Doesburg de un arte abstracto y universal, de un arte colectivo por encima de lo personal y nacional, en que se hubiera desterrado toda subjetividad del individuo, para alcanzar "la armonía universal absoluta", fue quimérico propósito: aún existen influencias gentilicias y, dentro de ellas, estilos personales, diferenciados por su singularidad. Gunther Gerzso no es una excepción: en su obra de asociaciones no figurativas estrictamente plásticas se vierte un pintor con rasgos originales, que no se borra en la anónima universalidad colectiva anhelada por el neoplasticismo y otras tendencias.

Nada más rígido que la pureza, que la idea de un arte único y puro, de una belleza pura, para un hombre nuevo, anunciados por los visionarios, en su pasión por asir lo universal, lo infinito y eterno, para obtener, como escribió Mondrian: "la expresión plástica exacta del equilibrio cósmico".

El problema, como para todo artista de cualquier disciplina, fue apresar la realidad; es decir, lo desconocido, una fantasía objetivada del mundo visible y de las complejas tempestades del ánimo. La realidad desaparece dejando su impronta, su noticia, la plenitud impetuosa de su vacío, que Gerzso sojuzga con creatividad llena de contención, con armonías asimétricas y valores espaciales y cromáticos, raras veces táctiles por materia, casi siempre de nítida lisura metálica. Sus obras son encarnaciones de paisajes imaginarios. De apasionados paisajes internos. Azares vencidos. Es inconcebible una pintura más allá de lo real. ¿No le ocurre a Gerzso lo que a Kandinsky con la naturaleza, que la amó con un amor más fuerte desde que cesó totalmente de representarla?

Sorprenderá, acaso, que considere a Gerzso, en parte de su obra, como paisajista que inventa al evocar: la memoria de un pintor como él siempre es imaginación transfiguradora de lo real. Reconstruye una realidad imaginaria como toda realidad, y la vuelve real como toda imaginación. Una realidad henchida de rojos, azules, verdes, ocres, negros, luminosamente parejos o modulados, que concierta en formas de elementalidad magistral.

El paisajista en nuestras décadas habría de ser como Gerzso es paisajista metafísico, cuando decide serlo: paisajista de vivencias. Un temperamento visto a través de la naturaleza, y no la naturaleza vista a través de un temperamento. Un espejo de su visión, sólo de su visión, y no del tema propuesto. Nos da una pintura radiante y autónoma, equivalente a sí misma. No encerrada en sí misma porque se borraría. "El arte —dice Picasso— es lo que no es la naturaleza."

Este periodo puede ser una apariencia de abstracción —una figuración ambigua—, no verdaderamente abstracto, según algunos puntos de vista sobre la materia: se supone que persista algo de la realidad inmediata, lo cual carece de toda importancia para aquilatarlo; es incuestionable su eficacia pictórica. Sólo importaría a quien busque una clasificación —no una valoración—, que quizá llegaría a conjeturar una figuración abstracta o lo contrario. A ningún artista le preocupa que lo clasifiquen como figurativo o abstracto. Las clasificaciones no interesan a los artistas; nada más a los historiadores. En todo caso, no hay realidad reconocible; no hay indicio de ella, tal como la captamos. Su origen no es un paisaje real; es una totalidad; y, por ello, no concretamente, si no su impresión es abstracta para el entendimiento. Al abstraccionismo absoluto no lo asume el cuadrado blanco sobre fondo cuadrado blanco. El abstraccionismo puro sería la realidad absoluta. Nunca se rompe totalmente el nexo con la percepción.

■ En Luis Cardoza y Aragón, *Gunther Gerzso* [fragmento], UNAM, México, 1972, pp. 9-12. [Reeditado en *Ojo/voz*, Era, México, 1988.]

OCTAVIO PAZ

■ GERZSO: LA CENTELLA GLACIAL

Gunther Gerzso nació en 1915, en México. Pasó su niñez y parte de su juventud en Europa. Regresó a nuestro país en 1942 y desde entonces empezó a pintar, apartado de las tendencias imperantes en ese momento. Condición de pájaro solitario, que es la de las almas contemplativas según San Juan de la Cruz. En 1950, ya tarde, expone por primera vez en la Galería de Arte Mexicano de Inés Amor. Las primeras obras de Gerzso son de inspiración y de factura surrealista. Fue amigo de los surrealistas que llegaron a México durante la segunda guerra mundial (Leonora Carrington, Wolfgang Paalen, Remedios Varo, Alice Rahon) y especialmente de Benjamin Péret. El retrato del poeta francés es uno de los mejores cuadros de su periodo inicial. Pronto abandona la figuración y se interna por el espacio no figurativo. Cardoza y Aragón ve en este cambio una ruptura con el surrealismo. Discrepamos: Gerzso abandona la factura, no la inspiración surrealista.

Aunque el tema es de interés secundario por lo que toca a la pintura de Gerzso, vale la pena detenerse un instante: ¿realmente la figuración es la línea divisoria entre el surrealismo y la pintura abstracta? Se dice que el surrealismo es figurativo porque, a pesar de su desdén por el realismo y la representación de la realidad exterior, hace suya la noción de *modelo interior*. El surrealismo opone al objeto que vemos con los ojos abiertos, aquel que vemos cuando los cerramos o aquel que descubre la mirada del salvaje, el niño o el loco. Pero en los grandes fundadores del arte abstracto también encontramos conceptos afines al de *modelo interior*. Kandinsky dijo que el arte obedecía a una *necesidad interior* y añadió: «Es hermoso aquello que es interior». Para Kan-

dinsky ver era sinónimo de imaginar e imaginar de conocer. El conocimiento artístico es de orden espiritual: en las visiones interiores del artista se reflejan de una u otra manera los arquetipos universales. Por medio de la teosofía Kandinsky redescubre la analogía y la teoría de las correspondencias, esa corriente espiritual que desde el renacimiento no cesa de irrigar y fecundar al arte de Occidente. En cuanto a Klee: su obra presenta tal parentesco con las obras surrealistas que me ahorra el trabajo de una demostración. Malévitch quería reducir la pintura a unos cuantos elementos básicos: círculo, cuadrado, triángulo, cruz. Pasamos así de la cosmología mística de Kandinsky a una cosmología geométrica. Es una tendencia que encontrará su formulación más rigurosa en Mondrian: «las cualidades que se atribuyen al sílex, al plátano o a la muchacha, son los atributos del ángulo recto». El ángulo recto sostiene el espectáculo de la llamada realidad. Lo que vemos es una apariencia: abajo están los arquetipos, las formas básicas, el verdadero aunque escondido sustento de la realidad. Estos ejemplos muestran la extraordinaria proximidad de las nociones de *arquetipo* y *modelo interior*. Por lo demás, ¿pueden llamarse figurativos —en el sentido en que lo son un Magritte o un Dalí— a pintores como Arp, Picabia, Sophia Taeuber y aun Miró y Tanguy? No, a mi juicio la diferencia entre una tendencia y otra consiste en lo siguiente: para los surrealistas la noción de *modelo interior* es pasional y subversiva: se trata de *cambiar* la realidad; para los pintores abstractos, el modelo interior se convierte en un arquetipo ideal. El último arte idealista de Occidente ha sido la primera pintura abstracta.

Las afinidades del surrealismo con el segundo momento de la pintura abstracta, es decir, con el expresionismo-abstracto norteamericano y con el tachismo e informalismo, son de índole distinta. Lo que los acerca no es tanto la idea del *modelo interior* como la posición privilegiada de la subjetividad pasional, el recurso al automatismo, a la inspiración y al azar. Esta semejanza recubre, de nuevo, una diferencia: el automatismo surrealista está al servicio de la imagen, la función del gesto es provo-car la *aparición*; entre los norteamericanos el mismo gesto cambia de dirección y busca la destrucción de las imágenes. El segundo arte abstracto busca un *más allá* de la imagen. El surrealismo quiso llevar el lenguaje a sus extremos: la metáfora y el juego de palabras; el expresionismo abstracto hace del lenguaje un grito —o un silencio. En el caso de Gerzso el tránsito de la figuración no implica ruptura con el surrealismo. La noción de *modelo interior* deja de ser explícita pero no desaparece y el automatismo sigue siendo un recurso esencial del pintor. Por supuesto, sería absurdo tratar de encerrar a Gerzso en una escuela o en una fórmula: Gerzso es Gerzso y nada más.

Más que un sistema de formas, la pintura de Gerzso es un sistema de alusiones. Los colores, las líneas y los volúmenes juegan en sus cuadros el juego de los ecos y las correspondencias. Equivalencias y diferencias, llamados y respuestas. Pintura que no cuenta pero que dice sin decir: las formas y colores que ve el ojo señalan hacia otra realidad. Invisible pero presente, en cada cuadro de Gerzso hay un secreto. Su pintura no lo muestra: lo señala. Está más allá del cuadro. Mejor dicho: *detrás* del cuadro. La función de esas desgarraduras, heridas y oquedades sexuales es aludir a lo que está del otro lado y que no ven los ojos. Por eso, como dice acertadamente Cardoza y Aragón, la pintura de Gerzso «no representa pero significa». ¿Qué significa? Aquello que está más allá de ella misma y que no puede reducirse a conceptos. Al llegar a este punto la crítica pictórica —la traducción en palabras— se transforma en creación poética: el cuadro es un trampolín para saltar hacia la significación que la pintura emite. Una significación que, apenas la tocamos, se deshace.

Los títulos de muchos de los cuadros de Gerzso aluden a paisajes de México y Grecia. Otros a espacios más bien imaginarios. Paisajes-mitos y no paisajes míticos. Todos ellos revelan la sed de *otro* espacio del pintor-poeta. No el espacio interior de un Michaux, que es el espacio de las apariciones, sino un espacio que se extiende y se desarrolla o se enrolla,

se despliega, se parte y se reparte y se reúne consigo mismo, un espacio-espacio. La sed de espacio a veces se vuelve violencia: superficies desgarradas, laceradas, hendidas por un frío ojo-cuchillo. ¿Qué hay detrás de la presencia? La pintura de Gerzso es una tentativa por responder a esta pregunta, tal vez la pregunta clave del erotismo y, claro, raíz del sadismo. Violencia pero, en el otro extremo, la geometría, la búsqueda del equilibrio. Cada cuadro tiende a inmovilizarse no en el reposo sino en una tensión: pacto de muchas fuerzas adversas, convergencias, nudos magnéticos. Pintura-balanza, mundos sorprendidos en un instante de extraño equilibrio, pintura en mitad del tiempo, suspendida sobre el abismo, pedazo de tiempo vivo. Pintura-antes-del-acontecimiento, antes-de-lo-que-va-a-venir. Expectación, pintura más allá del espectáculo, al acecho ¿de qué? Esta pintura tan rigurosa y exquisitamente pintura reposa sobre una hendidura de tiempo. Geometrías de fuego y hielo construidas sobre un espacio que se desgarra: abolición de las leyes de la gravedad.

México, enero de 1973.

■ En Octavio Paz/John Golding, *Gunther Gerzso*, Éditions du Griffon, Neuchâtel, Suiza, 1983, pp. 5-7.

MARTA TRABA
■ GUNTHER GERZSO

El punto óptimo de la obra de Gerzso comienza, en mi opinión, en los paisajes de 1958, y sigue hasta el presente.

Antes de esa fecha, Gerzso produce obras espléndidas, que se sitúan desde el 46 en adelante, pasado un período surrealista donde comparte, de manera bastante caótica, la aspiración de trasmitir el desencadenamiento de la imaginación, que partía del grupo más amplio y poderoso de surrealistas conocido en América Latina. Pero en las obras del 36 al 58, evidentemente ordenadas según estratificaciones libres nacidas de la misma reflexión acerca de la arquitectura precolombina, Gerzso actúa, más que todo, como un orquestador de formas, a las cuales concede una vida relativamente autónoma que les permite, a su vez, situarse en el espacio con comodidad.

El *Paisaje de Papantla*, en 1955, me parece culminar esta extraordinaria serie de paisajes o edificaciones en espacio abierto. Con más claridad y fuerza que antes, mayor empuje en sus propias tendencias, Gerzso afirma en ese paisaje las mejores calidades de su repertorio. Los recortes libres de planos; la flotación de tales recortes en espacios paralelos, nunca prospécticos según la geometría euclidiana; las aperturas súbitas e inesperadas, en forma de ventanas y oquedades que dan a un plano posterior; el espacio que aún no está contraído, que todavía no es hermético sino que, por el contrario, seduce y sugiere, crea falsas ilusiones al ojo y también a la sensibilidad, está poblado de pequeñas trampas y constantes ambigüedades; y el conjunto de estos elementos tiende, como en las obras que lo preceden, a la estratificación, a la presentación de la forma por capas, a la reconstrucción sensible y lírica de los escalones de la pirámide, a esa descripción indirecta del movimiento ascendente de las ruinas mayas que siempre suben y, bien sea abrupta, bien dulcemente, reconducen a lo alto: al sitio donde, finalmente, se llevan a cabo los sacrificios.

Papantla conserva la fidelidad romántica al tema, fidelidad que aligera las estructuras. Todas las obras de este período son estructuras a medias, desajustadas por el referente poético. De él salen y a él convergen, y esto las convierte en admirables descripciones líricas que, como se refieren siempre a las cosas "que fueron", a la edad que fue, a la civilización que se perdió, van derechamente a la evocación.

Como el de todo extranjero artista (nacido en México en 1915, Gerzso no lo vive sino hasta 1942, después de residir siempre en Europa y en los Estados Unidos), el ojo de Gerzso va más allá de lo visible anecdótico y penetra, en las obras de ese período, las virtudes esenciales de un paisaje de piedra.

Tiene la cautela y la delicadeza de ver bien y de ver "más allá"; el deslumbramiento que da lo no-familiar; las exaltaciones del descubridor. Pero los resultados son, pese a esta carga emotiva, tan pausados y melódicos como para prever su posterior desarrollo hacia un endurecimiento de las estructuras del cuadro.

De ese período pre-Gerzso, lo que me parece más rescatable para el siguiente es el peculiar tratamiento del espacio.

La técnica de manejar espacios paralelos a la superficie del cuadro comienza, ya se sabe, con los cubistas, e incluyo entre ellos o como predecesor de ellos a Cézanne, cuyas masas coloreadas, descritas repetidamente ante la montaña Sainte-Victoire, en Provenza, ya tenían la clara determinación de descartar el espacio "hacia el fondo" —el espacio creado por los puntos de perspectiva tradicional a partir del Renacimiento— y suscitar, en cambio, un "movimiento espacial", una dinámica de la masa coloreada que, dialécticamente, acercara y alejara el ojo a los puntos más lejanos. Así como la montaña Sainte-Victoire puede ser, al mismo tiempo, volumen y plano, y así como entre ella al fondo y los puntos de vista del espectador en un primer plano (fuera del cuadro),

y los objetos intermedios (colinas, árboles), lo que hay no es exactamente un espacio sino planos paralelos que no hacen más que afirmar la superficie de la tela, así también los cubistas, adelantando el experimento cezanniano, dejarán por completo de trabajar con la perspectiva para dedicarse a los planos múltiples en los cuales se inscriben, instalan o deslizan las formas.

Todo esto significa salir de la ficción ilusoria de un cuadro-realidad y entrar en la ficción cromática de un cuadro a secas.

Papantla acepta plenamente esta premisa y la emplea a fondo, con una evidente superposición de planos dentro de un espacio siempre adscrito a la superficie, no al fondo del cuadro. Pero *Papantla*, al revés del claro juego racional cubista, es una obra polisémica, donde el plano evoca el volumen mediante el tratamiento de los rebordes coloreados y las zonas sombreadas, así como el volumen sin cesar requiere el plano, limpiándose repetidamente e imponiéndose como una zona lisa; y ambas situaciones dobles, plano volumen y volumen plano, sienten con punzante nostalgia la necesidad del espacio, lo requieren urgentemente, bien sea en la oscura cúspide del cuadro, donde las construcciones-murallas se instalan finalmente en la profunda oscuridad, bien sea en los abismos intermedios, zonas o franjas, donde caen y emergen los recortes, buscando sustraerse al espacio y destacarse como tales, como formas duras y autosuficientes, y sin embargo ligadas al espacio total, donde, por fin, después de esta lucha incruenta, siempre silenciosa, quedan adheridas.

En *Papantla*, por consiguiente, se dan las claves del tono dominante que regirá posteriormente: la lucha con el espacio abierto, la necesidad simultánea de revelarlo y la voluntad de ocultarlo.

Considero definitiva, para comprender la obra de Gerzso, esta operación sutil (progresivamente sutil) de ocultamiento del espacio. Sin ella, la obra quedaría reducida a la estructura cada vez más perfecta en que se ha ido convirtiendo. Con ella como fondo, como sentido íntimo de la obra, capaz de ser leída más

allá de los puntos de cadarzo de la estructura, es que la obra reviste ese admirable, indefinido, indecible tono que la impregna totalmente y la proyecta hacia el espectador como una verdadera unidad significante.

También sugeriría, como cuadro clave para ir al encuentro de los puntos óptimos en la obra de Gerzso, otro paisaje, *Lab-na*, pintado en 1959.

A primera vista, *Lab-na* corresponde a la decisión, más fría y racional, de controlar el desborde de la evocación. Pero sólo a primera vista.

Lab-na es el equivalente plástico de los cuentos borgianos transferidos a sitios y situaciones imaginarias. Como en *La biblioteca de Babel* descrita por Jorge Luis Borges, en *Lab-na* domina, no la sensación de lo exótico y misterioso sino la deliberación de crearlo, aunque esta función no quede todavía plenamente aclarada, como ocurrirá, posteriormente, con la obra estructural de Gerzso.

La estructura es hermética, llena de pistas falsas que aún la vinculan con las evocaciones de ruinas y paisajes precolombinos. La forma pierde la inocencia de los recortes del paisaje de *Papantla*, y recortes muy definidos, subrayados por el reborde negro, se transforman en una estructura sígnica, una especie de pictografía que reclama el desciframiento. Sin embargo, el desciframiento es imposible: en el fondo de tal planteo subsiste el mismo espíritu recreativo difícil y burlón de Borges explicando cuidadosamente los libros de los anaqueles de sus bibliotecas fantásticas, con una parsimonia y detallismo que trasmite al lector la máxima impresión de seriedad.

Pero *Lab-na*, además de emparentarse con el laberinto borgiano, además de abrazar la misma prolija reconstrucción de una ficción que pasa por realidad, bloquea totalmente el espacio.

Detrás del plano irregular hay, netamente, "otro" plano, y el otro plano abarca el campo visual, de modo que no quedan esperanzas que el cuadro se prolongue más allá de lo visible inmediato. Sin embargo, esta superficie impertérrita se destruye por lo más delgado. Abajo del cuadro, en el ángulo inferior derecho, es decir, en una zona íntima respecto a la totalidad, el recorte de plano posterior ha sido sombreado de tal manera que sugiere que, por el resquicio admitido por la sombra, existe otro plano, o quizás un vacío, o quizás el espacio que, repentinamente, se hace, no visible, sino posible.

Si en *Papantla* se pugna por el ocultamiento del espacio, en *Lab-na*, por consiguiente, se inicia esta infinita operación contraria, de insinuarlo sugiriéndolo: de crear un espacio imaginario a través de su insinuación.

Es a partir de tales datos pictóricos que Gerzso entra, para mí, en la categoría que Barthes define como "el hombre estructural". Para Roland Barthes, el hombre estructural toma lo real, lo descompone y luego vuelve a recomponerlo y, en esta operación, se produce algo nuevo, que él define como "lo inteligible general". A través de una operación de recorte y ensamblaje se recompone el objeto, no porque sí, sino con el expreso deseo "de hacer aparecer funciones". El resultado de este trabajo es un conjunto cuya regularidad es nueva, es distinta a la regularidad que creemos percibir directamente en el mundo que nos rodea. Al reconocer la estabilidad y la lucha contra el azar como síntomas que caracterizan este intento de sistema, Barthes descubre el *homo significans*, algo tan simple como el nuevo hombre de la investigación estructural, capaz de crear esa poética que intenta saber "por qué y cómo" el sentido es posible.

Repasando atentamente esta definición de Barthes, no hallo mejor esclarecimiento para la actitud que asume y desarrolla Gerzso en la década del sesenta. Tampoco en el vasto panorama americano encuentro a nadie que lleve más a cabalidad y adelante tal definición, y construya una obra con una tan marcada y visible racionalidad poética.

Quiero señalar, finalmente, que en este intento de definición o de reconocimiento de Gerzso como hombre estructural, no estoy pensando sólo en las estructuras externas —en la red compleja de formas cuyas relaciones aparentes determinan su fuerte condición estructural (en cuya categoría entrarían muchos artistas latinoamericanos de tendencias geométricas)—, sino en las "estructuras profundas" (que Franca llama "genéticas"), únicas capaces de asegurar el sentido a un objeto figurativo.

Pienso que eso es lo que quiere decir Luis Cardoza y Aragón cuando, en su leal y bello texto sobre Gerzso, sostiene que su pintura "nada representa, pero significa", que no crea la imagen de una cosa, sino "la cosa en sí".[1] Llamémoslo "la cosa en sí", la estructura profunda o genética, o el "modelo interior" que Paz convierte en el arquetipo ideal, todos los fieles de Gerzso estamos apuntando en la misma dirección: el revelamiento, ante el público, de una obra paradigmática.

Aprovechando sus posibilidades polisémicas, y la libertad de interpretación que dejan tales posibilidades, yo prefiero leer la obra de Gerzso en el período de 1960 hasta ahora como la continuidad y la afirmación del paisaje, no importa que la obra se titule o no con un término evocador de determinado paisaje, o que, por el contrario, se titule *Cecilia* o, finalmente, remitiéndose de manera cada vez más hermética a las trilogías de colores, se llame: verde-ocre-amarillo, gris-verde-naranja, rojo-azul-verde, *ad infinitum*.

Al pensarla de antemano, tengo que explicar de antemano que acepto el paisaje como género, es decir, como categoría que obedece a reglas que a su vez conforman un código que permite no sólo la lectura correcta, sino la vinculación con otras obras ya conocidas.

Al mismo tiempo que, si admitimos que es paisaje, entra en las reglas de juego del género, también la obra se inscribe en un tipo determinado, en un modelo que reviste una configuración estructural específica.

Lo más evidente de la configuración estructural del paisaje de Gerzso es su clausura, su voluntad de cerrarlo, ya sea que llamemos a esta acción, como lo hace Juan Acha, "redefinición del espacio", ya sea que, con Octavio Paz, lo describamos como "espacio de las apariciones... que se extiende y se desarrolla o se enrolla, se despliega, se parte y se reparte y se reúne consigo mismo, un espacio-espacio";[2] lo cual, despojando la frase de su envoltura poética, también nos conduce al no-espacio o al ocultamiento del espacio que advertíamos anteriormente. O, retomando la primera idea, a la clausura del espacio.

El tipo de paisaje con espacio cerrado, estático, no fluyente, se da pocas veces con verdad e intensidad, en parte porque se trata de una proeza expresiva, en parte porque el paisaje como género solicita de todas maneras un referente real y a él se remite, mientras que el arte latinoamericano, arrastrado por la marea del experimentalismo y la vanguardia, ha dejado hace ya tiempo de percibir la realidad (en la gran mayoría de los casos), o la recibe bajo la forma de modas que nada tienen que ver con un género descalificado.

No obstante, es posible vincular el tipo de "paisaje de clausura" de la obra de Gerzso con otros paisajistas que siguen una dirección análoga, en parte para demostrar que las relaciones tipológicas nada tienen que ver con apariencias, influencias, etcétera, en parte porque otros ejemplos, rodeando la obra de Gerzso, ayudan a penetrar en su sentido profundo, y también a hacerla más familiar.

En su última década de trabajo, especialmente en la serie *Mis semejantes* y en los *Interiores*, el pintor peruano Fernando de Szyszlo orientó sus exploraciones espaciales en un sentido similar. Todo ese tramo de su obra está claramente apoyado sobre la contracción espacial, pero Szyszlo la expresa contraponiendo a un primer plano, enfrentado al espectador, otro plano ulterior que se define en un cielo alto, o en una abismal zona vacía. De tal manera que el escenario donde aparece la figura símbolo, ya se trate de un escenario plano donde se erige el tótem, ya de un espacio tridimensional prospéctico donde dialogan los semejantes, es terminantemente clausurado por una barda o muro altísimo, que cierra de modo dramático el espacio habitado y abre otro

1. Véase pp. 168-69. [Nota del E.]

2. Véase pp. 169-70. [Nota del E.]

que, al carecer de referencias, al ser sólo contraste de color, o franja oscura, se presenta como una hipótesis, como una esperanza de salida, muy lejana y casi inalcanzable.

Similar transferencia del espacio abierto, o de la hipótesis espacial, al extremo superior del cuadro, practica Gerzso en *Recuerdo de Grecia* (1959), o en *Cecilia* (1960), donde las formas se desarrollan, sin expansión espacial posible, hasta el propio límite del cuadro, donde, inesperadamente, la franja ambigua del recuerdo de Grecia, la franja neta de Cecilia, reabren ese mismo fondo de túnel, esa salida del laberinto, esa apertura del espacio cárcel, tan pasional en Szyszlo como mental en Gerzso.

El otro ejemplo de espacio de clausura lo he buscado, expresamente, en una obra cuya analogía con Gerzso parece más remota: la última obra escultórica del uruguayo Gonzalo Fonseca, desde que comienza a trabajar, ya desasido de las compartimentaciones heredadas de Torres García, en piedras o mármoles que al tiempo son casas, o habitáculos, y también ciudades o paisajes, cuyo límite, en este caso, está decidido por el fin mismo del material, bien sea que se lo corte cúbicamente, bien sea que se lo deje rodar por sus propios bordes irregulares.

Si considero las piedras de Fonseca como paisajes, es porque no creo que sean casas-ciudades-ruinas para ser colocadas en el espacio, sino que el espacio está implicado y encerrado en ellas férreamente. A tal grado comprimido y encarcelado en los materiales duros, además, que la respiración del espacio está dada por sus misteriosas e inesperadas aperturas, nichos, puertas, ventanas imaginarias donde se colocan cosas o partes del hombre, trabajosamente incrustadas en ese lugar contraído que les permite sólo "ser", "permanecer", pero nunca actuar o modificarse.

La petrificación del espacio en Fonseca, la clausura sacra de Szyszlo y el espacio progresivamente amurallado de Gerzso son, pues, para mí, tres ejemplos de paisajes con espacio cerrado.

El género del paisaje implica una descripción, lo cual, a estas alturas de los estudios acerca del realismo y la ficción (recordar las enérgicas re-definiciones de los formalistas rusos), ni siquiera vale la pena deslindar de las nociones de realismo. Sin embargo, el género paisaje carga sobre sus espaldas un lastre demasiado pesado como para no intentar una aclaratoria. Lefèbvre facilita nuestra explicación cuando establece la manera como el formalismo, haciendo que la forma permanezca "en la superficie" del objeto estético, mata la forma, de la misma manera que el naturalismo, permaneciendo en la superficie del objeto representado, mata la descripción. Así, pues, cuando la descripción domina el cuadro y no hay manera de traspasarla porque está ahí, sobreaguando en la superficie de la tela, presenciamos el "asesinato vulgar" del paisaje, que generalmente es tomado por paisaje.

El verdadero paisaje establece un área visual que, de una forma u otra, reconduce hasta el *habitat* del hombre.

El paisaje está hecho para ser habitado, no importa cuán vacío permanezca. Supone la existencia de unos límites, el funcionamiento de un horizonte, y el desarrollo de una doble personalidad; o se expande, tendiendo entonces a sobrepasar los propios marcos del cuadro (caso de los paisajes de Alejandro Obregón, en Colombia, que viven únicamente por su fuerza expansiva), o es parte de un universo mayor, previsto por el fragmento, como ocurre en los paisajes del argentino Aizenberg, que deben verse como piezas de un conjunto global; o se contrae, tal como hemos visto en las obras de Gerzso, Szyszlo y Gonzalo Fonseca. Pero, en cualquiera de los casos, el paisaje está previsto para ser habitado: de ahí su carácter eminentemente social.

Cuando Jürgen-Fisher, en un intento muy sistemáticamente alemán de describir el paisaje de Gerzso, lo define como un espacio escenográfico, que parece "como obstruido por paneles", y ve que hay algo detrás, concepto trans-abstracto, ilusionismo y significados impenetrables; y que todo esto lo dan "las junturas, rendijas y nichos extraños que evocan las arquitecturas prehispánicas", no está haciendo otra cosa que indicar empeñosamente ese paisaje, obligándolo a redefinirse como tal: una ubicación sociocultural para el hombre.

Es curioso que quienes se han ocupado eficaz y brillantemente de Gunther Gerzso hayan evitado hablar de paisajes, a pesar de que Gerzso, franca y directamente, haya titulado así gran parte de su obra. Cardoza y Aragón dice que Gerzso es un "paisajista de vivencias", o un temperamento visto a través de la naturaleza, aunque yo, por el contrario, pienso que la primera virtud de una obra tan espléndida es, justamente, la de haber instalado el paisaje en unas estructuras aparentemente autónomas, y tan cargadas de sentido formal como para no requerir ninguna otra explicación. Lo que pasa es que, si no se las trasciende, las estructuras, cada vez más perfectas y autosuficientes, permanecen indescifrables. Si, en cambio, se las explora en todas sus direcciones, se proyectan en una tal dimensión, recogen con tal fuerza la voz de la cultura y la sociedad mexicanas, se constituyen hasta tal punto en el sistema de alusiones que tan bien define Octavio Paz, que conviene insistir en esta ampliación de su lectura.

Lo que Paz llama ecos y correspondencias, yo lo llamaría la "doble existencia del paisaje cerrado". Confirmémosla en el *Paisaje clásico*, de 1960, y en el *Paisaje naranja-blanco*, de 1966. Aunque el primero es más simple que el segundo y en el segundo los recortes se superponen en varios planos paralelos visibles, creando una mayor complejidad a esa doble existencia, está igualmente claro en ambos la intención de ocultar el paisaje posible, intuido, el "algo detrás", la "visión hacia adentro", mediante una estructura consentida y buscada con el mayor rigor.

En el *Paisaje clásico* la estructura está dada por el color total y por la sensibilidad de la pincelada que llena completamente el cuadro, en un acto invasor emocional bastante atípico de Gerzso, hasta obligar a los dos recortes y los dos signos de escritura a replegarse en el ángulo inferior derecho del cuadro. Pero la hendidura tiene una tal decisión y energía que no deja duda alguna acerca de que ese infinito buscado está detrás, vigilado por los límites del paisaje aparente, obstruido por su carga emotiva. Lo de atrás, el paisaje cuya extensión ilímite sólo se vislumbra a través de la grieta, ya no funciona a nivel de hipótesis, como los cielos altos de Szyszlo, sino a nivel de certeza, pero negada expresamente por el paisaje aparente.

En el *Paisaje naranja-blanco*, de 1966, el deseo de obstruir y despistar es más sabio, las situaciones más estratégicas. El paisaje aparente se compromete hasta tal punto con el imaginable del fondo, que la extensión irreversible, infinita, de la grieta del *Paisaje clásico*, se parcela y da sólo a medias.

Engañosamente, presenciaríamos una unidad paisajística casi indestructible: un adelante-atrás casi racional; y digo "engañoso" y "casi", porque los indicios de racionalidad están continuamente transferidos a ese anhelo metafísico que perturba el cuadro, a ese recaer en el infinito que se expresó directa e impúdicamente en *La noche*, del 55; ya con un profundo recato, en *La noche*, de 1962; veladamente, a lo largo de todos los cuadros, y ya interminablemente, en una monomanía repetitiva y casi delirante, en la serie nombrada por medio de las trilogías o dualidades cromáticas, donde el infinito penetra hábilmente por todos los resquicios y permanentemente es rechazado y reabsorbido por el paisaje aparente, en un juego cada vez más rico y denso de negarlo y permitir, al tiempo, sus filtraciones minúsculas pero despóticamente posesivas.

Entretanto, en el curso de este pleito sin fin entre los dos paisajes, el visible y el invisible, el controlable y el invasor, la concepción estructural de la obra de Gerzso se afianza de manera irreversible.

Los elementos constitutivos de tal estructura se marcan con progresiva precisión. Estos elementos son mayores y menores. Los mayores están constituidos por los recortes de planos; los menores, por los cortes, las grietas, los pliegues, las intersecciones de planos, las líneas. El color y su aplicación, la materia, pigmentos, gamas y contrastes, representan otro haz de elementos estructurales que debemos considerar cuerpo aparte, al servicio del diseño del cuadro, o al menos supeditado a él.

Es muy evidente la función arquitectónica de los recortes, a la vez programadora y delimitadora de espacios. Ya hemos dicho, sin embargo, que se trata de "espacios planos", cuya relación se densifica y nuclea al aglomerarse los recortes pequeños y toma una dimensión más social —por lo tanto más amplia y comunal— cuando se decide a colocar un gran plano de sostén en el cual quedan involucrados los recortes más pequeños.

Todo esto significa una gran sabiduría compositiva, un conocimiento profundo de las leyes del equilibrio y especialmente de la relación de fuerzas, sin que, no obstante, se susciten tensiones de ninguna especie. Las obras de Gerzso, según mi lectura, no provocan jamás tensiones, sino una sola, única y tremenda expectativa: la de llegar hasta el paisaje infinito, obstruido por el paisaje aparente.

La constante variación en la ubicación relacional de los recortes más grandes y más pequeños, no daría suficiente satisfacción al espectador si no estuviera enriquecida notablemente con los elementos menores. No se trata, entiéndase bien, de que esta constelación de fragmentos resulte adornada y enriquecida por los elementos menores: cuando digo menores, me refiero únicamente a su tamaño y a su inserción en el cuadro, pero esto no va en desmedro de su importancia. Por el contrario, los elementos menores actúan como signos, o si se prefiere como claves, y nunca son ornamentales.

El corte de una superficie tiene en el arte moderno un inevitable antecedente, y es el del argentino Lucio Fontana. Al abrir la tela blanca con un tajo único o múltiple, Fontana llegó al extremo de su intención y programa "espacialista", por lo demás repartido entre perforaciones de distinta calidad, magnitud y naturaleza respecto al cuadro, plancha de metal o lámina de madera. Pero lo que en Fontana es, para mí, puro experimento provocador, puro acto vacío de vanguardia, en Gerzso se recarga de esa comunicación simbólica que requiere, como pasó con la obra de Martínez, la lectura de una doble cadena de lenguaje que nos introduce en el reino de la metáfora.

El corte no es más que la insinuación de la fractura de una superficie: el primer empeño por romper el muro que, ampliado, nos conduce a la grieta. En la grieta, el intersticio hacia el otro paisaje que quiere poseerse, ya nos permite entrever ese paisaje nacido del anhelo.

En la intersección de planos, el camino que se abre ahincadamente hacia el segundo paisaje, juega la variante kafkiana de simultánea revelación y ocultamiento. El muro se duplica y multiplica. El paso se abre y se cierra, la mirada es repelida por la pared cuando comienza a penetrar y comprender.

Prefiero, desde luego, que sea muro y no panel escenográfico, lo cual le daría al juego de planos un carácter decorativo que jamás vislumbro en la obra de Gerzso, ni siquiera en las obras lineales del setenta cuando, inesperadamente, tanto peso, tanta carga, tanta gravedad en la dialéctica revelamiento-ocultamiento, aparecen aligerados por una trama, un tejido lineal más leve y desasido, una estructura más libre y aérea, descomprometida con la lucha de los paisajes. (Lo que llama Cardoza y Aragón "lineales paisajes geológicos en los dibujos".)

Los últimos elementos menores [. . .] aparecen perturbando la diafanidad de la superficie de un recorte. El recorte debería ser terso, neto, y sin embargo se encoge, atravesado por el pliegue como por una falla. Mínimo dato humano, depositado con esa especial delicadeza y capacidad de elipsis que siempre demuestra Gerzso, la obra lo integra como tal, como un indicio donde algo vibra, conmoviendo la opacidad buscada y general del cuadro, su apariencia neutral, su terror a las confesiones.

También la línea, pese a su brevedad y a su constante laconismo, cumple la misma función: alienta la desnudez del plano, la roza con un tacto leve.

A lo largo de esta revisión de las obras de Gerzso, enfrentando telas de los colores y los tonos más diversos, derrotada siempre por la imposibilidad de reconocer una gama, una selección de colores, un escogimiento identificador (operación que es tan fácil en Matta o en Szyszlo, por ejemplo, o hasta en un utilizador general de los colores como es Fernando Botero), he llegado a la conclusión de que lo reconocible y propio en la pintura de Gerzso no es la preferencia por determinada gama, sino la "temperatura".

Octavio Paz me ayudó mucho sin quererlo cuando, en esas antagonizaciones que no tienen pérdida, califica las formas de Gerzso como "geometrías de fuego y de hielo", o "centellas heladas". Ahí comprendí, y posteriormente verifiqué, la baja temperatura de todo el color en Gerzso, sin duda nacida de la voluntad de "desapasionar" el color, de tornarlo un elemento apático al servicio de las estructuras, de evitar que la vida propia y por lo general sentimental del color se interpusiera en el proyecto de definir los dos paisajes.

No se trata de "rebajar" el color —hay amarillos, naranjas, verdes, increíblemente estridentes en su obra; azules ultramar y rojos violentos—, sino de congelarlo, contraerlo. Así como se contrae el espacio, se contrae el poder del color, que siempre tiende a hacer onda expansiva con su contiguo.

Pero, sorprendentemente, el "color enfriado" de Gunther Gerzso, en esta cadena de contradicciones buscadas y resueltas de su obra, se logra mediante una pincelada "breve y fina", formando "una compacta urdimbre vibrante", como la define muy bien Cardoza y Aragón. De manera que al color reprimido se le permite, más aún, se le estimula, expresarse mediante el tacto añadido por la textura. Bien sea en el caso de la pincelada visible, de esa factura "hecha a mano" tan diferente de la impersonalidad del *spray* o la aplicación mecánica de pinturas industriales; bien sea en el caso ya francamente aditivo de colocar texturas abrazando una actitud abiertamente informalista, como en el *Paisaje ciego*, de 1960, o en el famoso *Muro verde*, de 1961.

El análisis y señalamiento de los elementos en la obra de Gerzso, destinados ambos a reforzar el valor de su fuerte concepción estructural; el reconocimiento de algunas de sus cualidades más perceptibles a simple vista —su capacidad de construcción, su imaginación para componer, el tono contenido en que coloca todo lo que emplea— y el intento de desciframiento de sus cualidades menos visibles, como la existencia de los dos paisajes y el combate incesante que se libra entre lo oculto y lo revelado, no hacen sino converger en el mismo punto: la excepcionalidad de la obra de Gerzso, su invariable poder de sugerencia, su permanente y sostenida originalidad.

La batalla que él libra es absolutamente silenciosa.

Rodeada de las estridencias del muralismo, y de ese elevarse y caer tan fatigante y fugaz de los fuegos artificiales del arte oficial, esa sorprendente concepción de un paisaje que debe resonar en otro, de una vida que existe en un ámbito mayor, de un límite que recae en la infinitud, ha crecido en poder magnético y, ojalá, también en justa estimación colectiva.

■ En Marta Traba, *La zona del silencio*, Fondo de Cultura Económica, México, 1975, pp. 29-42.

JOHN GOLDING

▪ GUNTHER GERZSO. PAISAJE DE LA CONCIENCIA

Gunther Gerzso es un fenómeno excepcional: pintor de gran magnitud cuya obra refleja una aguda conciencia y comprensión de muchos de los temas más importantes del arte del siglo XX y que, no obstante, escapa a toda clasificación. Suspendido metafóricamente entre dos continentes, dos herencias culturales, fruto de la generación que sucedió a los pintores del surrealismo ilusionista cuyo arte dominara el movimiento de la década de los treinta y a quienes habría de deber la emancipación de su visión durante la época incipiente de sus años formativos, Gerzso ha trabajado desde entonces en virtual aislamiento.

Quienes han intentado describir el arte de Gerzso se han inclinado por términos evocativos, poéticos o psicológicos, y la razón de dichos enfoques salta a la vista, pues aunque el impacto que provoca es inmediato, en cierto sentido este arte resiste al análisis y hasta lo rechaza. Espléndida y hábilmente trabajadas, resplandecientes de una intensidad colorista que en ocasiones invita a establecer comparaciones con los efectos de un vitral del medioevo, estas pinturas surgen ante el espectador en forma muy directa; instantáneamente captan y mantienen fija su mirada con una fascinación que raya en lo sobrenatural. En el rigor de su construcción formal así como en la perfección de su ejecución poseen un elemento de objetividad, casi de impersonalidad. Sin embargo, resultan a la vez obras intensamente íntimas. Cada lienzo es en sí mismo un mundo autónomo que celebra su propio ritual de misterio ya que todos los elementos, la brillantez y claridad de la luz y el color, los ángulos, las superposiciones, los pliegues y las perforaciones encierran un secreto.

Más adelante, desde que surgió su lenguaje

por completo personal e individual a principios de los años cincuenta, la evolución del arte de Gerzso mostró, una vez más, notable independencia —otra de las razones por la que resulta difícil hablar acerca de su obra. Si bien Gerzso ha seguido con mirada cauta y perspicaz los subsiguientes adelantos del arte en el escenario internacional, es excepcional que su obra los reconozca o los comente. Pocos artistas equiparables a Gerzso en cuanto a importancia y refinamiento han podido mantenerse tan al margen de las influencias externas; tal vez sea ésta la razón por la que su arte raras veces evoca paralelos o admite comparación con el de colegas y artistas de su rango. Aun dentro del contexto de su propia producción el desarrollo de su obra se caracteriza por una extraña carencia de altibajos y, en este sentido, se asemeja a la obra de Tanguy, acaso el pintor a quien mayor influencia individual deba. La calidad es persistentemente alta y pocos son los cuadros «clave»; ninguna obra en sí contiene elementos para descifrar o comprender a las demás.

Si bien el arte de Gerzso presenta aún rasgos afines con el surrealismo, el hecho de que resulte tan difícil disertar acerca de él muestra su divorcio de las obras más características del movimiento. Los surrealistas se regocijaban con «lo maravilloso» y se deleitaban en lo ambiguo y lo paradójico. Pero también desconfiaban del arte abstracto, en parte, podría suponerse, porque fue el surrealismo un movimiento eminentemente verbal y sus seguidores no podían abordarlo o analizarlo de tal manera que sus aspectos misteriosos pudiesen comunicarse a través del lenguaje: una descripción de sus complejidades sólo habría conducido a un énfasis de sus propiedades formales. Y al llegar a este punto nos encontramos frente a uno de los más graves obstáculos con que tropezamos al intentar discutir a fondo la obra de un artista como Gerzso. Evidentemente las pinturas versan sobre algo; pero ¿cómo aspirar a comprender o revelar cabalmente el contenido de obras que equivalen a sensaciones emotivas e intelectuales profundamente experimentadas pero que engloban y simbolizan a estas últi-

mas en un lenguaje pictórico desprovisto casi por completo de referencias? Más aún, me pregunto qué habría pasado si André Breton hubiera conocido la obra completa de Gerzso: ¿se habría visto forzado a inventar una nueva categoría de surrealismo —como lo hiciera en la década de los cuarenta en su empeño de incorporar los logros de Gorky al acervo surrealista—, o acaso se habría sentido impulsado a reconocer la habilidad del arte abstracto para poner a prueba nuestras preconcepciones de la realidad que percibimos?

El propio Gerzso reconoce que en los cimientos de su obra se hallan tres fuentes principales —el cubismo, el surrealismo y el arte precolombino. Por ende, tal vez la mejor forma de empezar a entender la singularidad de su visión personal y sus logros consiste en examinar esta deuda y su sublimación posterior. De las obras de Gerzso que conozco, la única que podría describirse como estrictamente cubista es un lienzo de 1942 titulado, en forma por demás significativa, *Silencio*. Muestra una figura masculina (con certeza un autorretrato, por lo menos simbólicamente) cuya cabeza combina un rostro completo y un perfil y que se lleva una multiplicidad de dedos a los labios como presagiando el secreto de obras por venir. Varios lienzos juveniles y puramente surrealistas contienen estructuras de figuras construidas a base de elaboradas mezclas de elementos compuestos que sugieren en forma diversa atributos animales, vegetales y minerales, que sin embargo se articulan en armazones derivados, en última instancia, de la cuadrícula lineal del cubismo analítico. Es posible apreciar vestigios de este procedimiento en las configuraciones de *El descuartizado* de 1944, obra que da crédito a sus antecedentes surrealistas pero que posee, además, visos de los experimentos pictóricos formales que la sucederían.

Subsecuentemente la deuda con el cubismo habría de poseer una naturaleza mucho más generalizada pero, a la vez, más profunda en cuanto insertaba la transformación de ciertos principios espaciales y de composición en un lenguaje totalmente personal e indepen-

diente. Aunado a lo anterior está el hecho de que casi todos los artistas que durante los años cuarenta alcanzaban la madurez en América se inclinaron en un principio por efectos de composición que provenían de procedimientos cubistas sintéticos. Sólo después, cuando los efectos pictóricos «totales» empezaron a convertirse día a día en sinónimo de corrientes pictóricas progresistas, dichos artistas se acercaron al cubismo analítico de la época anterior. Por su parte, Gerzso, con una conciencia más amplia de su tradición europea, parece haber estudiado simultáneamente ambas fases del movimiento. Y precisamente una de las características más dominantes e inmediatas de las obras concebidas en plena madurez estilística es la amalgama o combinación de amplias formas sin relieve, a menudo virtualmente carentes de modulación e inflexiones —inmediata o lejanamente relacionadas con las formas del cubismo sintético— con áreas formadas por conjuntos de formas o planos más pequeños que ejercen una influencia recíproca y cuyo origen es el conocimiento de las complejidades espaciales de la fase analítica del cubismo.

En *El señor del viento* de 1949 las configuraciones pictóricas de los elementos más extensos de la composición —engarzados para sugerir una cabeza humana— denotan la comprensión de los procedimientos pictóricos radicales que desarrollara Picasso en sus primeras obras cubistas sintéticas de 1912 y 1913. En estas últimas los elementos abstractos o «prefabricados» se combinan en tal forma que asumen una nueva identidad representativa y visualmente evocativa —método que sugiriera a Picasso el estudio de ciertas máscaras africanas. Por supuesto, en el caso de Gerzso la deuda con Picasso no es directa; y quizá tanto la obra de que hablamos como *Los cuatro elementos* muestren que el artista estaba más obviamente consciente de los adelantos del arte alemán en la década de los años veinte; adelantos que, a su vez, encauzaban el legado del cubismo hacia nuevos derroteros. Pero el hecho de que *El señor del viento* nos remita a ciertas máscaras arcaicas o primitivas (a mí, en particular, me sugiere un tipo de máscaras esquimales) demuestra qué tan cabalmente comprendió y asimiló Gerzso un método de trabajo que habría de revolucionar los procedimientos y el aspecto de una gran parte del arte del siglo XX. Ya *El señor del viento* presenta algunas áreas donde las formas más pequeñas —incrustadas en formas más amplias, dominantes o principales— están dotadas de una fluidez espacial que se haría más notable en cuadros como *Paisaje de Papantla*, realizado en 1955. Los racimos o familias de elementos que caracterizan esta obra, y que a primera vista parecen pequeñas formas autónomas, se abren unos dentro de otros dando lugar a una variante de aquello que los cubistas en sus primeras obras analíticas llamaron «passage» (el término y el modelo pictórico mismo provienen en última instancia de su estudio de Cézanne), de tal suerte que la vista parece deslizarse hacia las profundidades, de un plano a otro, mientras, al mismo tiempo, se remonta hacia el rígido plano pictórico bidimensional. Al igual que el cubismo analítico, esta obra prescinde de una fuente luminosa uniforme, de tal manera que la superficie pictórica se organiza en torno a una armazón lineal y simultáneamente recurre a yuxtaposiciones arbitrarias o intuitivas de claros y oscuros. Esta característica habría de ganar terreno día con día para convertirse en distintivo de la obra de Gerzso (véase, por ejemplo, *Estela blanca* de 1960), aunque el proceso siguió perfeccionándose y haciéndose cada vez más sutil hasta que en obras tan recientes como *Paisaje-naranja-azul-verde* de 1980 la mayoría de las zonas sombreadas se había reducido a tenues penumbras subliminales pendientes de bocetos lineales.

Creo que gracias a la aprehensión indirecta, si no inmediata, de los logros del cubismo, Gerzso consiguió crear obras tan inexorablemente uniformes y conscientes de la superficie y, al mismo tiempo, tan profundamente impregnadas de emotivos efectos espaciales, pese a que desde el principio los espacios que intentaba evocar tenían muy poco que ver o incluso no guardaban relación alguna con la profundidad limitada y táctil del espacio cubista. En *Paisaje azul* (*Viejos muros*) de 1958, impor-

tante obra de síntesis, pueden apreciarse sensaciones completamente nuevas que obedecen a la asimilación de las lecciones del cubismo tanto analítico como sintético. La forma amplia y dominante del extremo superior izquierdo (muy «recortada», casi dando la impresión de collage) guarda un equilibrio perfecto con las estrías de los pequeños elementos intercomunicados de la parte inferior del cuadro. Esta obra está dotada de una sensación muy particular de exploración espacial, distintiva del arte de Gerzso y, empero, tanto aquí como en obras posteriores, experimentamos la sensación de que la conmoción espacial que percibimos es captada, simultáneamente, por la superficie plana y cristalina de un espejo. En *Muro verde* y *Cecilia*, obras de 1961, las formas más extensas y vigorosas fluyen unas en dirección de otras y hacia la superficie, tal como antes sucediera con los elementos más pequeños. En varias de las obras pintadas a principios de los años setenta como, por ejemplo, en *Personaje-Paisaje* de 1972 y en *Rojo-verde-amarillo* de 1974 se explotan dramáticamente las yuxtaposiciones de formas grandes y pequeñas, aunque algunos de los lienzos más clásicos y majestuosos de la década, y sobre todo *Muro azul* de 1977, así como *Personaje-Paisaje* de 1979, retornan a movimientos más apacibles o al equilibrio entre contrastes proporcionados. Además, en las obras más recientes los elementos más pequeños tienden por lo general a simplificarse y generalizarse en cuanto al contorno se refiere, y, por lo que toca a sensaciones, a recurrir menos a lo anecdótico.

Si bien la reacción de Gerzso ante el cubismo involucraba básicamente una respuesta estética al reconocimiento de que, hasta cierto punto, éste había reinventado el lenguaje y la sintaxis de la pintura, su respuesta al surrealismo fue el resultado de estímulos personales e intelectuales que, a su vez, lo condujeron a un compromiso mucho más específico con sus ramificaciones visuales, aunque quizá valga la pena repetir que el surrealista a quien más se acercó en términos pictóricos fue Tanguy, quien en cierto sentido es el pintor más

hermético de los grandes surrealistas y cuyo arte, al igual que el de Gerzso, ha logrado en gran medida que sus secretos escapen al escrutinio artístico histórico y crítico.

Pese a que *El descuartizado* es ya una obra de ejecución independiente, también puede considerársele como un compendio de fuentes surrealistas. Además de las referencias a Tanguy (particularmente evidentes en el extremo derecho del cuadro) algunos elementos y detalles individuales rinden homenaje a las más grandes figuras del movimiento, desde Miró y Ernst hasta Dalí (cuya presencia se evoca en la forma con apariencia de cáliz que corona la parte central superior del lienzo). La composición de esta obra, en conjunto, establece interesantes analogías con ciertas obras de Matta, el más joven de los nombres importantes que se asocian con el movimiento en los últimos años de la década de los treinta. Matta había visitado México en 1941 —dato por demás interesante— y, al igual que Gerzso, se había sentido conmovido y estimulado por el paisaje del país.

El descuartizado es surrealista no sólo por el uso de imágenes compuestas y biomorfas, sino también por la implicación de que la sexualidad del hombre encuentra ecos y analogías en la sexualidad de la naturaleza, así como por la sugerencia de que aun formas inanimadas son capaces de contener y transmitir una tensión erótica. Ambos temas, aunque cada vez más sublimados en el arte de Gerzso, habrían de conservar una posición fundamental dentro de su visión. El elemento de sadismo que algunos críticos han detectado en la obra de Gerzso se vuelve aquí muy obvio y constituye uno más de los elementos que vinculan firmemente esta obra con el mundo surrealista. Sin embargo las perspectivas de Dalí que se alejan profundamente, y los infinitos espacios ilusorios subacuáticos o aéreos de Tanguy, así como los panoramas vaporosos y amorfos de conciencia interior que evoca Matta desaparecen en aras de una organización pictórica más rigurosamente estructurada en términos de la composición formal, lo cual, paradójicamente, produce resultados más abstractos y a la vez más físicos y palpables, desde el punto de vista pictórico, que los que obtuvieran sus colegas mayores y sus preceptores.

No sería faltar a la verdad decir que desde un principio Gerzso se lanzó a la búsqueda de un espacio pictórico que reconociera las demandas del formalismo pictórico del siglo XX con su insistencia en la carencia de relieve, en la integridad del plano de la obra, pero que también evocara sensaciones espaciales que pudieran sugerir o simbolizar tanto los escondrijos de la mente humana como las cavidades y zonas más secretas del cuerpo humano, lugares que, a su vez, encuentran análogos en la respuesta de Gerzso a la cosmología del paisaje. Ya *El señor del viento* sugiere que la cabeza humana (aunque las configuraciones también dan idea de un torso humano), la mente, es una misteriosa ciudadela, una morada llena de secretos y símbolos. A la inversa, en *Paisaje*, de 1955 y *Paisaje arcaico*, de 1957 los títulos de estos lienzos se han vuelto metáforas del esfuerzo humano intelectual y artístico, y asimismo de deseos físicos, del anhelo de oscuros escondrijos del cuerpo.

Si bien en *Paisaje azul* las deudas, tanto con el cubismo analítico como con el sintético, se han asimilado y transformado totalmente, esta obra parece equilibrar a la perfección los aspectos intelectuales y físicos de la producción de Gerzso. Más aún, ya que aparentemente ninguna de las formas o configuraciones está cercada por los contornos verticales del lienzo, aparece una nueva implicación de espacios infinitamente extensibles, mientras las franjas oscuras que separan a algunos de los elementos, así como las cavidades con apariencia de ventanas que horadan otros sugieren una profundidad infinita pero emocionante y perceptible. En cierto sentido la limitada profundidad pictórica del cubismo se ha fundido con los panoramas ilimitados del surrealismo más reciente, así como la pintura es un paisaje infinitamente misterioso tanto de la mente como del cuerpo.

Este tipo de equilibrio habría de mantenerse a lo largo de toda la producción subsiguiente de Gerzso. Al llegar a este punto nos percatamos una vez más de las dificultades que representa abordar e interpretar obras que por el hecho mismo de estar impregnadas de significado constituyen simultánea y simplemente pinturas abstractas que, dependiendo de la sensibilidad o inclinaciones del observador, evocan distintas resonancias. Así pues, *Barranca* de 1965, *Blanco-verde* de 1963-74 y *Paisaje: blanco-verde-azul* de 1982 me sugieren analogías con configuraciones de paisajes verdaderos, observados o imaginarios, mientras que *Circe* de 1963, *Naranja-blanco-azul-verde* de 1982 y muchas otras de sus últimas obras son más puramente paisajes abstractos de la conciencia. Los cuadros que más evocan la sensación de una figura humana son por lo general aquellos que manifiestan su presencia en los títulos que llevan, aunque muchos más, por ejemplo *Aparición* de 1960, llevan consigo potentes sensaciones de imágenes corporales. En *Plano rojo* de 1963 penetramos en un misterioso panorama que se yergue detrás de una forma roja que puede interpretarse como símbolo del concepto del pensamiento y como emblema del deseo.

La influencia del arte precolombino en la obra de Gerzso corresponde a la deuda de este último con el surrealismo, ya que a partir de la segunda mitad de la década de los años veinte los surrealistas habían empezado a buscar ansiosamente objetos tanto precolombinos como de tribus indias de Norteamérica para enriquecer sus colecciones de piezas de África y Oceanía. Pero en el caso de Gerzso la relación es mucho más profunda, pues a la simpatía y el amor que siente por la campiña mexicana se suma, durante la época de conformación de su madurez estilística, un profundo compromiso psicológico con los objetos precolombinos y las zonas arqueológicas de este país —compromiso que ha dejado una huella permanente en su arte. Gerzso, de educación y sensibilidad fundamentalmente europeas, refleja en el aspecto quizá más personal y poético de su obra los sentimientos que profesa a su país de origen y al que posteriormente volvió a adoptar.

El propio Gerzso señaló que el cuadro basado en una fotografía de Tihuanacu —zona arqueológica precolombina de Bolivia— que realizara en 1946 contenía ya todas las semillas de su desarrollo pictórico posterior. Algunas de sus primeras obras insinúan la existencia de una relación con objetos y esculturas precolombinas: las configuraciones que aparecen en la parte superior de *Paisaje de Papantla*, por ejemplo, se asemejan no sólo a formaciones piramidales sino también a los tocados que adornaban algunas figuras de barro encontradas en la zona central de Veracruz; y algunos de los elementos de *Paisaje*, también de 1955, sugieren objetos ceremoniales y decorativos de obsidiana, jadeíta, concha y hueso. Pero tocaría a la arquitectura precolombina ocupar el lugar primordial entre las fuentes de inspiración de Gerzso. En la mayoría de la arquitectura antigua las construcciones armonizan con el paisaje que las rodea, pero en el caso de las zonas arqueológicas precolombinas de México y los países vecinos del sur esta armonía es más perfecta; más aún, la inventiva espacial de que hacen gala corresponde casi invariablemente al espacio exterior, más que al interior: son precisamente los grupos de edificios (en sí mismos básicamente esculturales) así como los patios, plazas y calzadas que los vinculan y separan los que pusieron de manifiesto el genio espacial de sus creadores. Una vez arruinadas las culturas que la habían erguido, esta arquitectura —que tan a menudo involucrara conceptos de fuerzas naturales y que incluso estuviera dedicada a ellas— fue alcanzada por la naturaleza misma que, a la postre, terminó por reabsorberla.

Pero la arquitectura precolombina (y también, aunque en menor grado, la escultura precolombina) es un arte de siluetas y, sobre todo, un arte de *contornos*: contornos sobrepuestos, dentados, cercenados y rasgados; contornos formados por peldaños y surcos y muescas que a veces también son puertas y ventanas que conducen a cámaras secretas. Y esto nos lleva a reconocer uno de los distintivos del arte de Gerzso, quien es lisa y llanamente un maestro de la pintura de contornos —y ser pintor de contornos no es lo mismo que ser dibujante, oficio que en la obra de Gerzso ha tendido hasta la fecha a subordinarse o cuando menos a servir a la actividad del pintor. Los contornos de Gerzso son, en su mayor parte, cortantes y afilados como navajas —y en parte, de aquí provienen aquellas implicaciones de sadismo. Uno de los recursos más frecuentes consiste en rebanar o rasgar las figuras o formas sobrepuestas, de tal suerte que las áreas más oscuras del fondo tiendan hacia la superficie, ciñendo y aplastando las áreas de capas superiores. Esto puede apreciarse claramente en *Paisaje arcaico*, de 1963, y en *Verde-azul-amarillo*, de 1968. Por otra parte, estos contornos pueden resultar igualmente efectivos y reveladores cuando se desgarran, como en *Cecilia*, o cuando sangran y palidecen, como en *Desnudo rojo*, de 1961, o en *Paisaje: negro-azul-blanco-rojo*, de 1976.

Al igual que en el caso de su deuda con el cubismo, la obra de Gerzso muestra casi inmediatamente la absorción y personalización de los principios del arte precolombino, aunque algunas de las obras de los años cincuenta sí parecen referirse abiertamente a sus formas. En *Paisaje de Papantla* se sugieren pirámides, templos y altares, todo bañado por una luz llena de esperanza pero, a la vez, levemente amenazadora —muy característica de México, sobre todo al amanecer. *Estructuras antiguas*, también de 1955, evoca las torres y los muros en ruinas de un lugar como Uxmal. *Paisaje arcaico*, de 1956, con sus tonalidades terrosas o arenosas tanto secas como empapadas por la lluvia, sugiere el descampado terreno de sitios como Mitla.

Pero con la experiencia griega de 1959 aparece en la obra de Gerzso un sabor de universalidad; así, las obras del período griego, por ejemplo *Recuerdo de Grecia*, que fuera la primera, y *Delos*, realizada al año siguiente, se caracterizan por provocar sensaciones de amplitud y generosidad emocional muy particular a estas obras. Más tarde, cuando vuelven a imponerse las influencias precolombinas, los elementos folklóricos y exóticos ya han desaparecido. Ahora la arqueología es más estrictamente mental; los lienzos ya no evocan

recuerdos de lugares determinados. Las formas humanas que llegan a insinuarse, como en *Personaje en rojo y azul*, de 1964, traen a la mente hieráticos y abstractos objetos de piedra de la región de Mezcala en Guerrero; y éstos, a su vez, presentan afinidades con la incipiente escultura mediterránea de las *Cícladas* —lo cual resulta muy revelador en el estudio de la visión de Gerzso. Si bien algunas de las obras de la década de los años setenta en las que aparecen diseños logrados mediante una máquina de dibujo poseen visos de vida urbana moderna —como sucede, por ejemplo, en *Puente sobre espacio amarillo*, de 1972—, otras, como en el caso de *Aterrizaje III*, de 1977, gracias a la gran excentricidad y extravagancia de su lenguaje formal, evocan nuevamente y de manera por demás paradójica la herencia precolombina; en *La casa de Tataniuh*, de 1978, el título mismo rinde tributo a un mundo que como cualquier otro ha servido al artista de fuente de inspiración visual.

Sin embargo, en términos generales puede decirse que durante la década de los setenta y a principios de los ochenta las formas que aparecen en sus obras se tornan más resueltamente extensas y presentan un aire de magnificencia y monumentalidad. A menudo, los contornos de las figuras dominantes tienden a admitir la presencia de un eje horizontal o vertical muy marcado; como si el espíritu del artista se hubiera vuelto más euclideano, más etéreo e impersonal. Los lienzos parecen estar cada vez más bañados por una deslumbrante luz frontal que, al mismo tiempo, se torna más fría y clara, aun cuando los colores proceden del extremo más cálido del espectro. No obstante, nada se ha perdido ni sacrificado, y ciertas obras, como *La mujer de la jungla* y *Tlacuilo*, ambas de 1977, están impregnadas de una naturaleza atávica y sensual sublimada.

En uno de los párrafos introductorios de *Le Surréalisme et la Peinture*, publicado en 1928, Breton escribía: «me resulta imposible contemplar un cuadro sin pensar en él como en una ventana, y mi primera preocupación es la de saber a dónde mira... nada me atrae tanto

como un panorama que se extiende ante mí fuera del alcance de la vista». Son precisamente estos panoramas los que en la década de los treinta se propusieron pintar los pintores del surrealismo ilusionista. Gerzso también ha confesado su fascinación por las ventanas; pero los panoramas que nos ofrece nunca se extienden hasta quedar fuera del alcance de la vista. Sus obras poseen indicios de un espacio infinito, por una parte en la sensación de que sus formas pueden dilatarse sin fin, tanto agrandándose como multiplicándose a la manera de una célula, y por otra en la oscuridad que yace tras las reservadas cavidades y cisuras talladas y cortadas en sus superficies. Al igual que las mejores creaciones del surrealismo visual, las obras de Gerzso nos hacen percatarnos de algunos aspectos de la psique individual y de sus capacidades creativas e imaginativas. Pero no se trata de paisajes, figuras y ciudadelas de un sueño, sino más bien de configuraciones de la mente y la imaginación consciente. Nuestra mirada puede deambular a través y por encima de estas configuraciones, pero quizá nunca más allá. Manifiéstanse allí, simplemente, ante nosotros, pinturas abstractas llenas de inventiva y maravillosamente poéticas e imaginativas. Y al estudiar estas obras ricas, suntuosas y con frecuencia infinitamente complejas resulta un tanto sorprendente descubrir que la forma que repiten con más persistencia es la más simple y básica de todas: el cuadrado, emblema de la geometría rudimentaria, pero a la vez completamente autónomo y secreto en la perfección de su simetría.

Traducción de Georgina Turner

■ En Octavio Paz/John Golding, *Gunther Gerzso*, Éditions du Griffon, Neuchâtel, Suiza, 1983, pp. 21-26.

DORE ASHTON
▪ LA PINTURA DE GUNTHER GERZSO

Dedicado a la memoria de Marta Traba

Tautología: Gerzso es Gerzso y nada más. Esto escribió su amigo Octavio Paz, quien con la concisión de un gran poeta calificó el trabajo de Gerzso con el epíteto: "la centella glacial"[1]. Durante más de tres décadas Gerzso ha logrado mantener el interés de aquellos que saben reconocer la singular consistencia de su paradójica proposición. Los colores candentes, alcanzados tan brillantemente, producen inexplicablemente una emanación glacial. En sus siempre abiertos paisajes en los que inevitablemente hay alusiones a la majestuosidad del paisaje mexicano, existe una luz destilada, o más bien inventada por el artista para llevar a la imaginación más allá o detrás de las escenas, hacia espacios inexplorados. Pero (siempre hay un pero aquí) el artista rehúye lo grandioso. Quien desee conocer estos cuadros deberá conocerlos en detalle. Cada superficie ha sido trabajada mediante diminutas transiciones: cada línea, modelada en su matiz más fino; cada color ha sido compuesto buscando su mejor opacidad, su densidad más expresiva. La centella glacial debe sostenerse mientras dura la construcción de estas delicadas superficies y mientras son exploradas para encarnar todo lo que ha pasado por la mente y la sensibilidad de Gerzso.

Gerzso es Gerzso y nada más. Pero, ¿cómo es que llegó a ser Gerzso? Dejando de lado las dotes naturales de todo artista de valor, podría decirse que hubo ciertas circunstancias que determinaron sus preferencias. En primer lugar, aunque nació en México, pasó sus años de formación en el extranjero. Recibió una educación cosmopolita que lo puso en contacto con personas, lugares e ideas que influyeron en su temperamento. Pasó varios años en Suiza, en la casa de un tío que había sido discípulo del gran historiador del arte Wölfflin. Incluso conoció a Paul Klee, con quien, creo, tiene afinidades —Klee, quien habló de la "prehistoria de lo visible" y cuyas conferencias y acotaciones a sus alumnos incluyeron el tema de "la tierra, el agua y el aire". Gerzso fue precoz. Pronto reconoció la importancia de los escritos de Le Corbusier que le habían dado a leer en la casa de su tío. Esta atracción no resulta rara si pensamos en los altos vuelos esculturales cifrados de Le Corbusier en Ronchamp. El impulso (arqui) tectónico era natural en Gerzso y ha desempeñado un papel importante en el convertirse en Gerzso. Otro impulso que sospecho fue igualmente natural en su temperamento surgió cuando, siendo joven, conoció en Suiza a un actor y escenógrafo italiano que le contagió su pasión por el teatro.

Éste, y más tarde el cine, no sólo permitieron a Gerzso ganarse la vida muchos años sino que afinaron su percepción. El hombre que diseña el discreto mundo que toda escenografía debe representar tiene que racionalizar la ilusión. Su tarea consiste en abstraer y acentuar para crear un todo convincente. Debe extraer del mundo de la experiencia aquellos trazos que le permitan crear la ilusión absoluta de un lugar y un tiempo. Muy a menudo los que escriben sobre el trabajo de Gerzso, en el que se hace un amplio uso de planos sobrepuestos, ven en el lenguaje del cubismo la fuente del pintor. Me parece que es, más bien, la larga experiencia de Gerzso en el manejo de planos y pantallas, lo que ha templado su lenguaje pictórico.

He hablado de la formación inicial de Gerzso como pintor independiente. Debo subrayar ahora que fue su regreso a México en 1942 lo que fortaleció su vocación, después de haber trabajado muchos años como escenógrafo en los Estados Unidos. Volvió al lugar de su nacimiento con la intención expresa de hacerlo suyo, de llegar a comprender su carácter extraño y su abrumadora sensación de alejamiento del resto de la cultura occidental. Incluso los mexicanos de nacimiento están conscientes de la peculiar otredad de México, que tanto respeto les infunde. Carlos Fuentes ha llamado a México "zona sagrada" y Octavio Paz ha escrito una y otra vez sobre la singular herencia de México, la cual se origina en la inusitada fusión de elementos coloniales e indígenas. Es obvio que el redescubrimiento de su país conmovió e inspiró a Gerzso. Sin duda, su entusiasmo fue avivado rápidamente por la presencia de un reducido, pero sumamente importante, grupo de pintores y escritores extranjeros que se habían refugiado en la ciudad de México durante la segunda guerra mundial. La historia completa está aún por escribirse, pero los heroicos años del surrealismo en México serían definitivos para su evolución cultural. La tremenda energía que gentes como Wolfgang Paalen, Leonora Carrington y el poeta Benjamin Péret llevaron a la ciudad de México no tuvo paralelo. Esta energía fue rápidamente puesta al servicio de la importante batalla estética entablada en contra del hábito, profundamente arraigado e indiscutido en la mayoría de los mexicanos, de pensar que el arte de la gran generación de los muralistas era la única forma posible de arte moderno autóctono. El grupo surrealista, con su énfasis categórico en la libre asociación y en la importancia del ensueño, lograría abrir el camino para que los jóvenes artistas pudieran eludir la tradición muralista. Gerzso se benefició de la excitación momentánea. Pronto conoció a Wolfgang Paalen, un pintor exuberante que había viajado mucho y que, lleno de entusiasmo por las tradiciones indígenas americanas, había llegado a México después de haber estado en Alaska y en el noroeste del Pacífico, donde estudió las artes indígenas. La respuesta de Paalen ante el paisaje mexicano reflejaba l'état d'âme surrealista, incluso después de haber renunciado a algunos dogmas del surrealismo. En una carta escribió sobre: "la sombría grandeza de este altiplano... el vacío bajo un cielo insondable cuyas nubes se acumulan tan alto que uno percibe de inmediato los trece cielos de la mitología india..."

1. Véase pp. 169-70 [Nota del E.]

Pronto entendió la personal adaptación que Gerzso hacía de las yuxtaposiciones surrealistas y cuando escribió la presentación del catálogo para la primera exposición de Gerzso, en 1950, habló de cosas que todavía hoy son pertinentes para la visión de Gerzso:

Puede parecer extraño hablar de los monumentos mayas y de Kafka en una misma evocación; sin embargo las insondables antecámaras de los castillos del escritor, las murallas de su China imaginaria, pueden reconocerse en las terrazas ascendentes, en las bóvedas infinitas y en las pirámides del México precortesiano. En la eternidad no se miden las distancias y los hombres solitarios, en su ruta de la ciudad perdida hacia la ciudad posible, han aprendido que lo más cercano es también lo más lejano. Para ellos los antiguos jeroglíficos que no se pueden ya descifrar y aquellos que aún no se han podido leer son igualmente significativos.[2]

Es claro que los monumentos de las viejas teologías indias, con sus formas rectilíneas y sus misteriosos y penetrantes efectos, quedaron grabados para siempre en la imaginación de Gerzso y se asoman en sus obras aparentemente abstractas. El punto de vista surrealista —porque, más que nada, el surrealismo fue un punto de vista sobre la existencia— ha quedado hermanado con su creación.

No cabe duda de que el vuelo de Gerzso hacia el interior (el interior de México, el interior de Gerzso) fue alentado por su amistad con un poeta extraordinario, Benjamin Péret, con quien trabó amistad hacia 1944. La excepcional personalidad de Péret, reconocida por todos los que lo conocieron, no pudo dejar de impresionar al sensible pintor. El poeta había llegado a México con una gran ambición: escribir un libro sobre los mitos, leyendas y fábulas populares de las Américas. Cuando en 1943 se publicó el prefacio de ese libro, *La Parole est à Péret*, fue saludado con entusiasmo por distinguidos pintores y escritores de todo el mundo (entre ellos André Breton, Aimé Césaire, René Magritte, Wifredo Lam, Marcel Duchamp y Max Ernst).

Péret escribió con tremenda convicción sobre la importancia de la imaginación nativa, remontándose en la historia para citar a Goethe: "el hombre no puede permanecer durante mucho tiempo en un estado consciente; debe sumergirse una y otra vez en el inconsciente, porque las raíces de su ser se hallan ahí". Péret invocaba las muñecas kachina de Nuevo México y las máscaras de jade mexicanas e insistía en que "lo maravilloso está en todas partes, en todos los tiempos y en cada instante". Su poesía, con la que Gerzso estaba íntimamente familiarizado, a pesar de las dislocaciones y las abruptas transiciones surrealistas, es notablemente cercana en su espíritu a las imágenes de Gerzso, incluso a las que más afinidad tienen con la tradición de Klee y Malevich (Klee, debe recordarse, fue muy admirado en la primera exposición surrealista, en 1925). Los poemas de Péret escritos en México hacen pensar en las imágenes del lugar. Por ejemplo, *Un torbellino de polvo* comienza así: "Cuando las piedras golpean sus puertas en señal de desesperación", y termina con estas líneas: "entre hiedras que digieren siglos llenarían de Américas tonantes difícilmente imaginables en una coma". Más sorprendente aún, tal vez, es el profético poema escrito en los años treinta, con su apremiante primera estrofa:

> Aquí comienza la casa glacial
> donde la redondez de la tierra
> es sólo una palabra
> tan ligera como una hoja
> cuya naturaleza importa poco.
> En la casa glacial baila
> todo aquello que el movimiento
> de la tierra no
> puede impedir que baile
> toda la vida imposible y deseada
> tantas veces
> todos los seres cuya existencia
> es improbable.

> Ahí el tiempo equivale a la
> división de un imperio
> a un largo desfile de liliputienses
> a una catarata de 1 800 metros
> de altura

(de *Cuatro años después del perro*)

Insisto en la afinidad entre Péret y Gerzso porque creo que a pesar de la inteligente incorporación de los lenguajes plásticos modernos, el cubismo, el constructivismo e incluso el surrealismo (pensemos en la rama abstracta representada por Miró y Gorky), los cuadros de Gerzso siguen enraizados en la filosofía surrealista, donde se veneran la sorpresa y el prodigio, la exaltación dramática y la otredad, pero, sobre todo, los insólitos encuentros de imágenes. La importante función de la yuxtaposición en la teoría surrealista es desempeñada admirablemente en los cuadros de Gerzso, igual que en los poemas de Péret. Hay, por ejemplo, en la obra de ambos, enormes paisajes. Contemplados desde lejos, estos paisajes poseen un silencio milenario que, puesto en los cuadros, llevó a uno de los más sensibles críticos de Gerzso, Marta Traba, a escribir sobre la "zona de silencio"[3]. Claro que en el paisaje mexicano real hay pájaros, sapos, jaguares, criaturas que hacen ruido. Pero en estos cuadros estamos demasiado lejos, demasiado abstraídos, como para percibirlo. Con todo, así como Péret yuxtapone las grandes piedras de México a una línea tan delgada como una coma, y así como dibuja una casa glacial, ajena a la redondez de la tierra, sólo para invocar la danza en toda su redondez, así también Gerzso crea yuxtaposiciones que jamás podrían ser valoradas propiamente en términos puramente formales, plásticos.

Creo que Traba tenía razón al considerar el paisaje como el motivo central de toda la obra de Gerzso, en especial el paisaje mexicano. Su trabajo como escenógrafo en más de doscientas películas mexicanas lo llevó a contemplar el país entero con un ojo dispuesto a extraer del panorama una abstracción pode-

2. Véase p. 167 [Nota del E.]

3. Véase pp. 170-75 [Nota del E.]

rosa. Sin embargo, éste es un paisaje mental por el que fluyen muchos elementos, entre los cuales está la figura humana. La metamorfosis, otro valor surrealista elevado al más alto grado, tiene su lugar en cada uno de los cuadros de Gerzso, lo mismo que las ambigüedades y los secretos —que todos los que han escrito sobre su obra encuentran detrás del plano severo y luminoso del cuadro. Tomemos sólo uno de sus cuadros y contemplémoslo detenidamente: *Paisaje: naranja-verde-azul*, de 1982.

Nos enfrentamos a un vasto pero limitado campo naranja (no completamente opaco, sin embargo; hay matices amarillos y ocres, así como manchas, también ocres, que hacen vibrar el plano final). Este campo, como muchos otros en los cuadros de Gerzso, no es sólo un campo, sino también un muro y un telón, como los que podrían existir en el escenario de una obra de teatro *avant-garde*. Dentro del campo hay cuatro líneas sueltas; todas tienen un nimbo, todas son tan frágiles como una coma y todas dan al cuadro una escala diferente. Ahora bien, la escala como todo pintor sabe es un problema difícil. No se trata sólo de una cuestión de tamaño, de grande y pequeño. Debe sostener también relaciones misteriosas. Klee nunca habló de la escala en sí. Más bien habló de "medir y pesar". Uno puede medir y pesar el plano naranja sólo como uno mide la ingravidez de estos hilos de línea. La temporalidad, insistía Klee, penetra. El tiempo que le lleva al ojo examinar el plano es medido en función del frágil comienzo de la línea.

En este cuadro, como en muchos otros cuadros recientes, Gerzso vuelve a invocar las cualidades especiales de la línea que puede, al mismo tiempo, describir el límite final de una forma y sugerir la vida de la forma que está detrás. La línea sombreada, la línea que resalta, la que se desvanece, la línea fina como un cabello, le sirven al artista para iluminar el carácter de sus formas planas y para sugerir misterio y profundidad. Un par de barras azules, que contrarrestan el plano naranja de este cuadro, están separadas delicadamente de él por tenues líneas oscuras. Estas dos barras azules,

tan musicales como cualesquiera de Klee, hacen resaltar otro juego de yuxtaposiciones, y luego otro, al tiempo que los planos horizontales pasan al infinito.

Pero no es solamente cuestión de una sorprendente yuxtaposición de planos a escalas diferentes. Aquí, y pienso que en la mayoría de los cuadros de Gerzso, hay un especial énfasis surrealista. Las tres formas azules salpicadas, más o menos rectangulares, que cabalgan por la superficie misma del cuadro son, de hecho, ventanas, y el azul frío es nada menos que una alusión a los cielos de Magritte. Vidrio, reflexión, cielo, límites, casas, dentro, fuera —cuántas asociaciones logra comprimir en este cuadro intensamente abstracto, a través de estas inesperadas ilusiones de lo real. La forma cuarteada que sugiere una ventana está en muchos de los cuadros de Gerzso, incluso en trabajos de 1965, y puede ser comparada con otras formas de sus cuadros en las que existe una deliberada, fulminante fisura —símbolo de ídolos rotos, de monumentos destrozados, de recuerdos arcaicos de separación e incluso de muerte.

Hay cuadros que Gerzso ha titulado para referirnos a la asociación con el México antiguo y otros en los que las formas, tan firmemente trapezoidales o rectilíneas, inevitablemente evocan la arquitectura de los mayas o de los aztecas. Pero hay otros en los que nos da la clave para la interpretación; los llama "personaje-paisaje". En estos cuadros el personaje, al igual que en el teatro, lo es todo, pero está escondido tras los bastidores. Es una presencia. Existe en el vertical resonar del infinito de planos o en el vasto altiplano de México, pero siempre reticente, siempre enmascarado. Este personaje es, indudablemente, el propio Gerzso, que se ha difuminado en todos sus cuadros dando sólo unas cuantas pistas pero poderosas de su presencia física como hombre. El proceso de enmascaramiento, de graduación de la memoria (¿no intitulaba uno de sus cuadros *Antigua morada*, sugiriendo la presencia viva de sí mismo y de los demás?) es realizado con el rigor de un pintor. Cada plano oculta otro plano. Todo color ha-

ce que otro color brille. Cada línea tiene su contraria. Todo está firmemente comprimido en el mundo. Y detrás de todo esto, la vívida presencia del ojo que discierne, que extiende. Gerzso es ciertamente Gerzso y nada más.

Traducción de Silvia González de León

■ En *Vuelta* n. 92, México, julio de 1984.

LISTA DE OBRAS

1 **LA BARCA**, 1941/1942
Óleo sobre masonite
40 × 43
Colección particular

2 **PERSONAJE**, 1942
Óleo sobre tela
60 × 50
Colección particular

3 **MUJER PÁJARO**, 1944
Óleo sobre tela
41 × 30
Colección particular

4 **RETRATO DE BENJAMIN PÉRET**, 1944
Óleo sobre tela
30 × 41
Colección del autor

5 **LOS DÍAS DE LA CALLE DE GABINO BARREDA**, 1944
Óleo sobre tela
41 × 55.5
Colección particular

6 **EL DESCUARTIZADO**, 1944
Óleo sobre tela
51 × 60
Colección Abraham Zabludowsky y señora

7 **NAUFRAGIO**, 1945
Óleo sobre tela
55.5 × 35
Colección del autor

8 **PAISAJE**, 1947
Óleo sobre masonite
42 × 51
Colección particular

9 **CENOTE**, 1947
Óleo sobre masonite
63.5 × 72.5
Colección particular

10 **EL SEÑOR DEL VIENTO**, 1949
Óleo sobre masonite
71 × 50
Colección Jacques y Natasha Gelman

11 **LOS CUATRO ELEMENTOS**, 1953
Óleo sobre tela
100 × 65
Colección Jacques y Natasha Gelman

12 **CIUDAD ABANDONADA**, 1953
Óleo sobre tela
73 × 116
Colección particular

13 **PAISAJE DE PAPANTLA**, 1955
Óleo sobre masonite
100 × 73
Colección particular

14 **ESTRUCTURAS ANTIGUAS**, 1955
Óleo sobre masonite
89 × 60
Colección Museo Carrillo Gil, INBA

15 **CABEZA**, 1956
Óleo sobre masonite
65 × 55
Colección particular

16 **PERSONAJE**, 1956
Óleo sobre papel
48 × 31.5
Colección particular

17 **MAL DE OJO**, 1957
Óleo sobre masonite
65 × 46
Colección particular

18 **SIGNOS**, 1959
Óleo y arena sobre cartón
65.5 × 55
Colección particular

19 **RECUERDO DE GRECIA**, 1959
Óleo sobre cartón
95 × 76
Colección Galería López Quiroga

20 **TORSO**, 1960
Óleo sobre masonite
61 × 46
Colección particular

21 **DELOS**, 1960
Óleo sobre tela
114 × 144
Colección particular

22 **PAISAJE CIEGO**, 1960
Óleo sobre masonite
74 × 54
Colección Jacques y Natasha Gelman

23 **APARICIÓN**, 1960
Óleo sobre masonite
80 × 50
Colección particular

24 **DIOSA ANTIGUA**, 1961
Óleo sobre tela
45.5 × 56
Colección particular

25 **DESNUDO ROJO**, 1961
Óleo sobre tela
60 × 92
Colección Jacques y Natasha Gelman

26 **MURO VERDE**, 1961
Óleo sobre masonite
38 × 51
Colección Jacques y Natasha Gelman

59 **AZUL-ROJO-AMARILLO-OCRE**, 1971
Acrílico sobre papel
48 × 38
Colección particular

60 **AZUL-NARANJA-VERDE**, 1971
Óleo sobre masonite
72 × 60
Colección particular

61 **AEROPUERTO CHICLERO**, 1972
Acrílico sobre papel
34.5 × 49
Colección Donald Winkelman

62 **PUENTE UNO**, 1972
Acrílico sobre papel
34.5 × 49
Colección particular

63 **PUENTE TRES**, 1972
Acrílico sobre papel
27 × 46
Colección particular

64 **NEGRO-ROJO-AZUL-VERDE**, 1973
Acrílico sobre papel
41 × 61
Colección particular

65 **VERDE-ROJO-AMARILLO**, 1973
Acrílico sobre papel
39.5 × 53
Colección particular

66 **NARANJA-AZUL-VERDE**, 1973
Óleo sobre tela
81 × 60
Colección particular

67 **JEMEZ**, 1974
Litografía
51 × 38.5
Colección Galería López Quiroga

68 **PAISAJE: AZUL-BLANCO-NEGRO**, 1976
Acrílico sobre papel
39 × 28
Colección particular

69 **PAISAJE ASA**, 1976
Acrílico sobre papel
46 × 38
Colección particular

70 **VENTANA, ESTUDIO NÚMERO 3**, 1976
Acrílico sobre papel
41 × 61
Colección particular

71 **VERDE-AZUL-NARANJA**, 1976
Óleo sobre masonite
46 × 64
Colección particular

72 **ROJO-AZUL-BLANCO-AMARILLO**, 1976
Acrílico sobre papel
25 × 38
Colección particular

73 **LA CASA DEL OTOMÍ**, 1977
Acrílico sobre papel
39.5 × 33.5
Colección particular

74 **LA MUJER DE LA JUNGLA**, 1977
Óleo sobre tela
116 × 89
Colección Luis Aguilar y señora

75 **TORSO**, 1978
Serigrafía
76 × 56
Colección particular

76 **AZUL-NARANJA-VERDE**, 1979
Óleo sobre tela
63 × 100
Colección particular

77 **TLACUILO**, 1979
Óleo sobre tela
116 × 89
Colección Window South, Menlo Park, California

78 **TORSO**, 1979
Acrílico y pastel sobre papel
39 × 30.5
Colección particular

79 **TORSO**, 1979
Acrílico y pastel sobre papel
39.5 × 30
Colección particular

80 **PAISAJE**, 1979
Acrílico y pastel sobre papel
18 × 27
Colección particular

81 **PAISAJE**, 1979
Acrílico y pastel sobre papel
18 × 31
Colección particular

82 **PAISAJE**, 1979
Acrílico, pastel y collage sobre papel
21 × 38
Colección particular

83 **TORSO**, 1979
Acrílico y pastel sobre papel
47 × 27
Colección particular

84 **BLANCO-NARANJA-ROJO-VERDE**, 1981
Óleo sobre masonite
98.5 × 71.5
Colección Galería Arvil, México

85 **PAISAJE: OCRE-BLANCO-VERDE**, 1982
Óleo sobre masonite
46 × 67.5
Colección particular

86 **PAISAJE: VERDE-AZUL-ROJO**, 1984
Óleo sobre masonite
37.5 × 54.5
Colección particular

87 **OCRE-VERDE-AZUL**, 1984
Óleo sobre masonite
60 × 80
Colección particular

88 **PERSONAJE AZUL**, 1985
Óleo sobre papel
46 × 38
Colección Latin American Masters, Beverly Hills, California

89 **CAMPO DUAL**, 1985
Óleo sobre tela
60 × 81.5
Colección particular

90 **PERSONAJE ARCAICO**, 1985
Óleo sobre papel
50 × 35
Colección particular

91 **TERRA COGNITA**, 1986
Óleo sobre tela
34.5 × 30
Colección José Ramiro y Garza
y señora

92 **UNIVERSO**, 1986
Óleo sobre tela
88.5 × 67
Colección particular

93 **IRRUPCIÓN**, 1987
Óleo sobre tela
60 × 81
Colección particular

94 **PAISAJE**, 1987
Acrílico sobre papel
31.5 × 21.5
Colección particular

95 **PAISAJE ANTIGUO**, 1987
Óleo sobre papel y masonite
24.5 × 41.5
Colección Latin American Masters,
Beverly Hills, California

96 **TIERRA CALIENTE**, 1987
Óleo sobre papel
30 × 39
Colección particular

97 **TAL COMO ES**, 1987
Serigrafía
66.5 × 50
Colección particular

98 **LA CASA DEL MURCIÉLAGO**,
1987
Óleo sobre papel
26 × 47
Colección particular

99 **ESPEJO (AUTORRETRATO)**,
1988
Óleo sobre tela
81 × 65
Colección Hans Rahn y señora,
Zurich

100 **MITO**, 1988
Óleo sobre tela
60 × 80
Colección Andrew Gerzso
y señora, París

101 **ROJO-VERDE-AZUL**,
1968-1988
Óleo sobre masonite
65.5 × 54.5
Colección Galería López Quiroga

102 **MURO**, 1988
Collage y acrílico sobre papel
45 × 64
Colección Galería López Quiroga

103 **CUATRO LÍNEAS NEGRAS**,
1988
Óleo sobre papel
66.5 × 47. 5
Colección Latin American Masters,
Beverly Hills, California

104 **PAISAJE**, 1988
Litografía
50 × 70
Colección particular

105 **PERSONAJE**, 1988
Litografía
70 × 50
Colección Galería López Quiroga

106 **MURO BLANCO**, 1988
Litografía
70 × 50
Colección Galería López Quiroga

107 **HECHICERA**, 1988
Serigrafía
60 × 51.5
Colección particular

108 **YAXCHILÁN**, 1988
Bronce patinado
67 × 60 × 15
Colección particular

109 **CONSTELACIÓN**, 1989
Bronce patinado
110 × 40.5 × 34.5
Colección particular

110 **TRÓPICO**, 1989
Óleo sobre papel
33 × 54
Colección Latin American Masters,
Beverly Hills, California

111 **ARCANO III**, 1990
Óleo sobre tela
140 × 112
Colección Galería López Quiroga

112 **NEGRO-BLANCO**, 1990
Acrílico y collage sobre papel
34 × 43.5
Colección Galería López Quiroga

113 **BLANCO-VERDE-AZUL**, 1991
Óleo sobre masonite
50 × 65
Colección Latin American Masters,
Beverly Hills, California

114 **TIERRA DE AGUA**, 1991
Óleo sobre masonite
54 × 81
Colección particular

115 **MANANTIAL**, 1992
Óleo sobre masonite
59 × 81
Colección particular

116 **TRÓPICO CALIZO**, 1992
Óleo sobre tela
73 × 92
Colección particular

117 **PAISAJE SIN TIEMPO**, 1993
Óleo sobre tela
66 × 89
Colección particular

■ Medidas en centímetros.

AGRADECIMIENTOS

Agradezco a Teresa Silva, a Fausto Ramírez y a Ida Rodríguez Prampolini la cuidadosa lectura que dedicaron al manuscrito de *Gunther Gerzso. El esplendor de la muralla*, y las valiosas observaciones que me hicieron.

A Gene Gerzso agradezco la valiosa información para armar la cronología y bibliografía así como la amabilidad con la que siempre me recibió en su casa. Con la Galería López Quiroga estoy en deuda por la ayuda que me brindó su director para completar las fichas técnicas de las obras. El departamento de Investigación del Museo Carrillo Gil contribuyó con datos para la hemerografía reciente. A Kati Horna le debo, a través de largas conversaciones telefónicas, sus impresiones sobre Gerzso y el mejor conocimiento de las relaciones que estableció con los surrealistas llegados de Europa.

Al hacer este libro —proyecto que me fue propuesto, en nombre de Conaculta y Ediciones Era, por Alba Rojo—, he tenido la oportunidad, de disfrutar del rigor profesional y el genuino interés tanto de Vicente Rojo, que estuvo a cargo del diseño y el cuidado de la edición, como el propio Gunther Gerzso. Las conversaciones con este último me ofrecieron claves fundamentales para una lectura más completa de sus cuadros. Quiero darle las gracias por su disposición para compartir algunos aspectos de su mundo interior y su amplio conocimiento de la pintura.

RITA EDER

Los editores agradecen al maestro Gunther Gerzso el préstamo de las fotografías en color y blanco y negro que se reproducen en la presente edición, así como a las Galerías de Arte Mexicano y López Quiroga su valiosa colaboración.

ÍNDICE

Portada:
ROJO-AZUL-BLANCO [56]
[Fragmento]

© Fotografías: Archivo Gunther Gerzso
Excepto página 33: © Jock McDonald

Fotocomposición y formación: Redacta, S.A. / Ciudad de México
Selecciones de color, impresión y encuadernación:
Dai Nippon Printing Co., Ltd., Singapur
Edición: 5 000 ejemplares / 30 de octubre de 1994

Diseño gráfico y cuidado de la edición:
Vicente Rojo / Rafael López Castro
Asistente: Vicente Rojo Cama

Coordinador técnico:
Felipe Ulloa Ramírez
Dirección General de Publicaciones / CNCA